EWIGKEIT JETZT

Edith Wölfl –
zwischen den Jahren
2001/02 Erlangen

Original-Titel:
Eternity Now
Copyright:
Truespeech Productions
19303 Stonegate Road
Middeletown, CA 95461
U.S.A.

Übersetzung:
Christine Bolam
© J. Kamphausen Verlag &
Distribution GmbH
Postfach 101849,
D-33518 Bielefeld
Fon 0521/ 172875
Fax 0521/ 68771

Lektorat:
Hans-Jürgen Zander
Typografie, Satz: Wilfried Klei
Umschlag-Gestaltung: Studio Flokati
Umschlagmotiv und Kalligraphien:
Chetna Bhatt
Druck & Verarbeitung:
Westermann Druck Zwickau GmbH

Die Deutsche Bibliothek – CIP-Einheitsaufnahme

Lucille, Francis:

Ein Titeldatensatz für diese Publikation
ist bei der deutschen Bibliothek erhältlich.

1. Aufl. - 2001

ISBN 3-933496-18-7

Francis Lucille

EWIGKEIT JETZT

Dialoge über das Glück

Deutsch von
Christine Bolam

Francis Lucille führt Dialoge und leitet Workshops sowie Retreats in den USA und weltweit.

Für Informationen über seine Arbeit sowie die Bestellung von Audio- und Videokassetten wenden Sie sich bitte an folgende Adresse:

Website: www.francislucille.com
E-Mail: info@francislucille.com

Danksagungen
zur amerikanischen Ausgabe

Ich möchte all die vielen Menschen würdigen, die dieses Projekt mit ihrer Zeit und kreativen Energie ermöglicht haben. Ohne ihre selbstlosen und engagierten Bemühungen würde es dieses Buch nicht geben. Als Erstes möchte ich David und Ginette Jennings sowie all den Teilnehmerinnen und Teilnehmern an den Dialogen und Retreats dafür danken, dass sie die richtigen Fragen gestellt haben. Nalini Shaw bin ich für die unermüdliche Arbeit dankbar, die sie der Transkription der Dialogkassetten gewidmet hat. David Jennings und Joan Ruwinski möchte ich für die Erstbearbeitung der Texte und ihre hilfreichen Vorschläge meine Anerkennung aussprechen.
Die Endkorrektur des Manuskripts und die Koordination der Buchproduktion lag in den Händen von Alan Epstein, dem ich für seinen engagierten Einsatz bei der Realisierung dieses Buches meine Dankbarkeit aussprechen möchte. Mein herzlichster Dank gilt Chetna Bhatt für die hervorragende künstlerische Gestaltung des Buches. Ich danke Annamitra und Michael Snow für das Endlektorat, den Satz und die Typografie des Buches. Schließlich möchte ich meiner Frau Laura für ihre Ermutigung und Unterstützung sowie für all die vielen Hilfestellungen danken, mit denen sie zur Verwirklichung dieses Projekts beigetragen hat.

Anmerkung der Übersetzerin:

Auf Wunsch des Autors habe ich das englische Wort „Mind“ mit dem Kunstwort „das Mentale“ bzw. Variationen desselben übersetzt. Francis Lucille fand, dass weder „Geist“ noch „Verstand“ die Bedeutung von „Mind“ korrekt wiedergeben – eine Schwierigkeit, die jedem Übersetzer spiritueller Texte begegnet. „Das Mentale“, „die mentale Ebene“ etc. liest sich bisweilen etwas holprig, doch jedes Stolpern kann ja als Gelegenheit gesehen werden, aufzuwachen und sich zu fragen: Was ist das Mentale denn nun wirklich? In diesem Moment?

Vorwort

Wir halten uns selbst normalerweise für eine Kombination von Gedanken, Wahrnehmungen und Gefühlen. Diese Identifikation mit einem persönlichen Körper-Mentalkomplex ist zutiefst in uns verankert. Die Menschen in unserem Umfeld – unsere Eltern, Lehrer, Freunde und so weiter – hielten sich für persönliche Wesen, und wir übernahmen diese Sichtweise, welche sich genauer betrachtet als die Wurzel all unseres Leidens erweist, ganz selbstverständlich und ohne sie in Frage zu stellen.

Wenn der Körper-Mentalkomplex ein Objekt ist, eine persönliche und begrenzte Sammlung von Denkvorgängen, dann muss es einen Zeugen geben, dem er erscheint. Dieser Zeuge wird gewöhnlich Bewusstsein oder Gewahrsein genannt. Wenn wir erforschen, was wir sind, dann zeigt sich, dass dieses Bewusstsein genau dem entspricht, was wir „Ich" nennen. Die meisten Menschen setzen das Bewusstsein, welches beobachtet, mit dem Verstand, der beobachtet wird, gleich. In ihrer Sichtweise ist das Bewusstsein ebenso vom Persönlichen begrenzt wie der Verstand. Sie stellen es sich als eine persönliche Wesenheit vor.

Wenn wir uns bewusst bemühen, den Zeugen zu beobachten, finden wir uns in einer ungewöhnlichen Situation: Aufgrund der subjektiven Natur des Bewusstseins und der Unfähigkeit unserer mentalen Funktionen, etwas Nicht-Objektives zu erkennen, scheinen unsere Versuche zu scheitern; die mentale Aktivität jedoch, der Fluss von Gedanken und Wahrnehmungen scheint für einen Moment anzuhalten. Dieses Anhalten hinterlässt auf der mentalen Ebene keine Erinnerungen, doch die Nicht-Erfahrung erzeugt ein starkes Identitätsgefühl und eine unbeschreibliche Gewissheit, zu sein, die wir mit den Worten „ich" oder „ich bin" bezeichnen. Nach einer Weile taucht das Ego mit dem Gedanken „ich bin dieser Körper-Mentalkomplex" wieder auf und projiziert damit die räumlichen und zeitlichen Begrenzungen der persönlichen Wesenheit auf das grenzenlose „Ich bin". Die Grenzenlosigkeit des „Ich bin" kann auf der Ebene des Mentalen nicht anerkannt werden, hinterlässt aber beim Wiederauftreten der objektiven Welt einen „Nachgeschmack".

Wenn wir Kenntnis von der Präsenz dieses bezeugenden Hintergrundes erlangt und den ersten Blick auf unser wahres Selbst geworfen haben, wird eine mächtige Anziehungskraft geboren, die uns immer wieder zu dieser Nicht-Erfahrung zurückbringt. Jeder weitere Einblick verstärkt den „Duft" von Freiheit und Glück, welcher dieser neuen Dimension entströmt. Während unsere zeitlose Präsenz immer greifbarer wird, erfährt unser tägliches Leben eine Wende. Menschen, Ablenkungen und Aktivitäten, die eine starke Anziehung auf uns ausgeübt hatten, begegnen wir nun mit Gleichgültigkeit. Unsere bisherigen ideologischen Bindungen werden ohne ersichtlichen Grund schwächer. Die Erforschung unseres wahren Wesens nimmt ohne unser Zutun an Intensität zu. Eine höhere Intelligenz kommt zum Tragen, vertieft unser intellektuelles Verständnis von der Wahrheit und bringt Klarheit in unsere ontologischen Fragestellungen. Persönliche Konflikte und Streitigkeiten werden weniger oder lösen sich ganz auf.

Schließlich kommt der Punkt, an dem das Ego von unserer beobachtenden Präsenz, welche sich als die von uns gesuchte ewige Schönheit, absolute Wahrheit und überragende Glückseligkeit offenbart, wieder absorbiert wird – und augenblicklich ruhen wir in der Gewissheit unserer ursprünglichen Unsterblichkeit. Diese plötzliche Enthüllung unserer nicht-dualen Natur kann einem Menschen, der sich noch in der Illusion von Subjekt und Objekt befindet, nicht auch nur annähernd mit Worten beschrieben werden. Er wird die Worte in relativen Kategorien als eine objektive Erfahrung interpretieren. Dies ist die einzige Art von Erfahrung, die er sich vorstellen kann.

Wie kann dieses Gefühl absoluten Glücks jemandem vermittelt werden, der nur relative Erfahrungen kennt? In jeder relativen Erfahrung, ganz gleich wie intensiv sie sein mag, steckt immer die Möglichkeit einer noch intensiveren Erfahrung. Dem ist jedoch nicht so, wenn es um die Glückseligkeit unseres wahren Wesens geht. Wie kann jemand, der nur ein objektbezogenes Glück kennt, die Autonomie und Unbegründetheit dieser Glückseligkeit verstehen? Wie kann die Ort- und Zeitlosigkeit dieser Enthüllung einem Menschen nahegebracht werden, der nur Ereignisse in Raum und Zeit kennt? – wie ihre absolute Gewissheit einem, der in relative Wahrheiten verwickelt ist? – wie ihre göttliche Pracht jemandem, für den Schönheit ein relatives Konzept ist?

Wenn wir sagen, dass unser Universum mit all seiner Fülle und Vielfalt – den Äpfeln im Korb, den geliebten Menschen in unserem Umfeld, dem Beethovenquartett im Radio, den Sternen am Nachthimmel – jeden Moment aus unserer selbstenthüllenden Präsenz aufsteigt, in ihr ruht und in sie zurückgenommen wird, dann ist das nichts als ein schwacher, misslungener Versuch, die Unmittelbarkeit dieser Enthüllung in Worte zu fassen.

Worte können nur versagen, denn sie vermitteln immer noch die Idee einer transzendenten Präsenz, aus der dieses Universum als ein getrenntes Ding entspringt, während diese Enthüllung in Wahrheit nichts von Getrenntsein weiß. Unser selbstleuchtender Hintergrund, der sich als roter Faden durch alle Dialoge dieses Buches zieht, stellt die einzige Wirklichkeit von allem dar, was existiert.

Kapitel 1
Die Kunst, nichts zu erwarten.

Was können wir von unseren Treffen erwarten?

Erwarten Sie, dass Sie lernen werden, nichts zu erwarten. Nichts zu erwarten ist eine große Kunst. Wenn wir nicht mehr in der Erwartung leben, dann leben wir in einer neuen Dimension. Wir sind frei. Mental frei. Körperlich frei. Das intellektuelle Verständnis, kein psycho-physisches sich entwickelndes Wesen zu sein, ist ein wichtiger erster Schritt; doch dieses Verständnis reicht nicht aus. Die Tatsache, dass wir nicht der Körper sind, muss zu einer tatsächlichen Erfahrung werden, die unsere Muskeln, inneren Organe und sogar die Zellen unseres Körpers durchdringt. Ein intellektuelles Verständnis, welches mit der plötzlichen, flüchtigen Erkenntnis unserer wahren Natur einhergeht, bereitet uns einen Augenblick reinster Freude, doch wenn wir voll und ganz wissen, dass wir nicht der Körper sind, sind wir selbst diese Freude.

Wie kann ich mit meinen Sinnen wahrnehmen, dass ich nicht der Körper bin?

Wir alle erleben Glücksmomente, die von einer Wahrnehmung von Weite und Entspannung begleitet sind. Im Vorfeld dieser Körperwahrnehmung haben wir uns in einem Zustand von Zeitlosigkeit und reiner grundloser Freude befunden, der letztendlich einfach in die körperliche Empfindung münden musste. Die

Freude nimmt sich selbst wahr. In jenem Moment waren wir kein begrenzter Körper in der Raumdimension, keine Person. Wir haben uns selbst in der Direktheit des Momentes erfahren. Jeder von uns kennt diese grundlose Glückseligkeit. Wenn wir das, was wir unseren Körper nennen, bis in die Tiefe erforschen, entdecken wir, dass seine Substanz aus genau dieser Freude besteht. Dann haben wir weder das Bedürfnis noch das Interesse, ja nicht einmal mehr die Möglichkeit, das Glück in äußeren Objekten zu finden.

Wie geht diese tiefe Erforschung vonstatten?

Lehnen Sie die Körperempfindungen und Emotionen, die Ihnen erscheinen, nicht ab. Erlauben Sie ihnen, in Ihrem Bewusstsein ohne irgendein Ziel oder eine willentliche Beeinflussung voll zu erblühen. Schrittweise wird sich die potenzielle, in muskulären Anspannungen festgehaltene Energie befreien; die Dynamik der psychosomatischen Struktur erschöpft sich, und es erfolgt eine Rückkehr zur grundlegenden Stabilität. Diese Reinigung der Körperempfindungen ist eine große Kunst. Sie erfordert Geduld, Entschlossenheit und Mut. Auf der Ebene der Sinneswahrnehmungen findet sie durch eine allmähliche Ausdehnung des Körpers in den umgebenden Raum hinein ihren Ausdruck, wobei die somatische Struktur gleichzeitig von jenem Raum durchdrungen wird. Der Raum wird nicht als schlichte Abwesenheit von Dingen erfahren. Wenn die Aufmerksamkeit sich von den Wahrnehmungen löst, die sie in ihrem Bann halten, entdeckt sie sich selbst als den selbstleuchtenden Raum, welcher die wahre Substanz des Körpers ausmacht. In diesem Moment wird die Dualität zwischen Körper und Raum ausgelöscht. Der Körper weitet sich zur Größe des Universums aus und enthält alle greifbaren und nicht greifbaren Dinge in seinem Herzen. Nichts ist außerhalb von ihm. Wir alle besitzen diesen Körper aus Freude, diesen erwachten Körper, diesen Körper allumfassenden Empfangens. Wir alle sind vollständig, es fehlt uns nichts. Erforschen Sie einfach Ihr Königreich – nehmen Sie es wissend in Besitz und leben Sie nicht länger in der erbärmlichen Hütte eines begrenzten Körpers.

In Momenten der Stille habe ich kurze Einblicke in diesen Bereich. Dann gehe ich zur Arbeit und finde mich in einer Umgebung wieder, die weder königlich noch friedlich ist, und meine Gelassenheit verschwindet sofort. Wie kann ich meinen Gleichmut für immer behalten?

Alles was im Gewahrsein erscheint, ist nichts anderes als Gewahrsein: die Mitarbeiter, die Klienten, die Vorgesetzten - absolut alles, auch die Räume, die Möbel, die Gegenstände. Begreifen Sie das zuerst intellektuell, und dann versichern Sie sich, dass es tatsächlich so ist. Der Moment wird kommen, wo dieses Gefühl von Intimität, dieser wohlwollende Raum um Sie herum nicht wieder verschwindet; Sie werden sich überall zu Hause fühlen, selbst im überfüllten Warteraum eines Bahnhofs. Sie verlassen es nur, wenn Sie sich in die Vergangenheit oder die Zukunft begeben. Halten Sie sich nicht länger in der ärmlichen Hütte auf. Diese endlose Weite wartet direkt hier, genau in diesem Moment auf Sie, ihre Gegenwart ist Ihnen schon vertraut. Und wenn Sie erst einmal von der Harmonie gekostet haben, die hinter allen Erscheinungen liegt, dann erlauben Sie den Eindrücken der äußeren Welt und Ihren körperlichen Empfindungen, sich in Ihrem empfangenden Gewahrsein frei zu entfalten, bis zu dem Moment, wo die dahinterliegende Fülle sich spontan offenbart.

Diese Umkehr der Perspektive entspricht dem Moment, wo wir plötzlich auf einem jener Drucke aus dem frühen zwanzigsten Jahrhundert, an denen sich Kinder so erfreuen können, in dem Bild eines Baumes das Gesicht eines Engels erkennen. Zuerst sehen wir nur den Baum. Dann erfahren wir in der Bildunterschrift, dass sich hier ein Engel verbirgt, und wir nehmen eine gründliche Untersuchung der Blätter vor, bis wir schließlich den Engel entdecken. Wichtig ist es zu wissen, dass hier ein Engel verborgen ist und wo er sich versteckt hält, und es schon einmal erlebt zu haben, dass der Baum seine Form ändert und zu einem Engelsgesicht wird, wenn das Bild sich neu zusammensetzt und uns sein Geheimnis enthüllt. Wenn der Weg erst einmal freigeschaufelt ist, fällt es uns leichter und immer leichter, die Perspektive zu wechseln, bis wir schließlich Baum und Engel sozusagen gleichzeitig sehen. Auf die gleiche Art lösen sich, nachdem wir unser wahres Wesen erkannt haben, die Restunterschiede zwischen Unwissenheit und Erwachen immer mehr auf und machen Platz für das grundlegende „Sosein" des Seins.

Ich beginne, wahrzunehmen, dass ich völlig an meinem Körper festklebe. Meine Empfindungen und Eindrücke sind die eines separaten Individuums.

Wie äußert sich dieses Gefühl des Festgeklebtseins?

Ich komme mir vor, als ob ich von meinem Stolz und meinen Emotionen hypnotisiert bin, besonders von meinem Zorn und der Unruhe in meinem Körper.

Richtig. Sobald Sie sich Ihrer Hypnose bewusst sind, hört sie auf.

Wie das? Das verstehe ich nicht.

Fragen Sie sich selbst, wer da hypnotisiert ist. Forschen Sie bis in die Tiefe. Wer ist es? Wo ist es? Sie werden entdecken, dass es unmöglich ist, denjenigen zu finden. Wenn Sie Ihren Verstand und Ihren Körper durchforschen, werden Sie einige Konzepte finden, mit denen Sie sich identifizieren, wie „Ich bin eine Frau", „Ich bin ein menschliches Wesen", „Ich bin ein Rechtsanwalt". Sie können auch bestimmte Empfindungen in Ihrem Körper entdecken, bestimmte Gebiete, die dichter und solider sind und mit denen Sie sich ebenfalls identifizieren. Doch wenn Sie genauer hinschauen, wird deutlich, dass diese Empfindung in Ihrer Brust oder dieser Gedanke, ein Mann oder eine Frau zu sein, nicht Sie sind; denn Empfindungen und Gedanken kommen und gehen, und das, was Sie wirklich sind, ist ewig. In diesem Moment ist die Hypnose zu Ende. Das Problem liegt nicht so sehr in der Existenz dieser Gedanken und Gefühle, sondern in Ihrer Identifikation mit ihnen. Sobald Sie sich ihrer bewusst werden, gehen Sie auf Abstand. Sie sind frei. In dieser Freiheit gibt es keinen festen Ort, wo Sie sich befinden. Es ist wichtig, in dieser Ort-losigkeit zu verweilen und nicht der normalen Tendenz zu folgen, sich eine neue Identität zuzulegen, sobald Sie die alte losgelassen haben – wie ein Affe, der seinen Ast nicht loslässt, bevor er einen anderen ergriffen hat.

Sie werden entdecken, wie wundervoll es ist, auf diese Weise in der Luft zu leben, ohne festzuhängen, ohne Bindung. Zu Beginn wird es Ihnen etwas merkwürdig erscheinen, obwohl Ihre neue Haltung Sie an nichts hindert. Sie können weiterhin Ihrer Pflicht als Mutter oder Rechtsanwalt nachgehen, Ihren Körper spüren und so weiter. Tatsächlich ist es sehr praktisch, nichts, in der Luft, nirgends zu sein. Es vereinfacht das Leben enorm. Seien Sie nicht damit zufrieden, das nur zu verstehen. Setzen Sie Ihr Verständnis in die Realität um. Versuchen Sie, niemand zu sein. Lassen Sie die Äste los.

Ist es nicht schwierig, danach wieder in den Körper zurückzukommen und das tägliche Leben zu leben?

Sie sind nie in Ihrem Körper gewesen, also geht es auch gar nicht darum, wieder zurückzukommen. Der Körper ist in Ihnen. Sie sind nicht in ihm. Ihr Körper erscheint Ihnen als eine Serie von Sinneswahrnehmungen und Konzepten. Sie wissen, dass Sie einen Körper haben, wenn Sie ihn fühlen oder an ihn denken. Diese Wahrnehmungen und Gedanken ereignen sich in Ihnen, in reiner bewusster Aufmerksamkeit – jedoch ereignen Sie sich nicht in den Wahrnehmungen und Gedanken, im Gegensatz zu allem, was Ihre Eltern, Ihre Lehrer und fast die gesamte Gesellschaft, in der Sie leben, Ihnen beigebracht haben. Im Widerspruch zu Ihrem tatsächlichen Erleben hat man Ihnen beigebracht, dass Sie, das Bewusstsein, sich in Ihrem Körper befinden; und dass das Bewusstsein eine Funktion ist, die dem Gehirn und damit einem Organ Ihres Körpers entspringt. Ich schlage vor, dass Sie diese Überzeugungen in Frage stellen und stattdessen die unmittelbaren Informationen untersuchen, die Ihr eigenes Erleben mit sich bringt. Erinnern Sie sich an die Rezepte, die Ihnen in der Kindheit von denselben Menschen als Garantie für ein glückliches Leben vermittelt wurden: Studiere ernsthaft, suche dir eine gute Arbeit, heirate den richtigen Mann und so weiter. Wenn diese Rezepte funktionieren würden, wären Sie nicht hier mit all Ihren Fragen. Sie funktionieren nicht, weil sie auf einer falschen Realitätsperspektive basieren – und ich schlage vor, dass Sie diese Perspektive in Frage stellen.

Sehen Sie selbst, ob Sie in Ihrem Körper oder Ihrer mentalen Funktion erscheinen, oder im Gegenteil, diese in Ihnen. Das ist eine Umkehrung der Perspektive, genau wie bei der Entdeckung des Engels im Baum. Obwohl diese Veränderung zunächst minimal erscheint, ist sie eine Revolution mit unvorstellbaren und grenzenlosen Konsequenzen. Wenn Sie die Möglichkeit, dass der Baum in Realität ein Engel sein könnte, ehrlich annehmen, dann wird der Engel sich Ihnen offenbaren und Ihr Leben wird magisch werden.

Können Sie darüber sprechen, was es heißt, intuitiv aus dem Herzen zu leben?

Seien Sie keine Person. Seien Sie gar nichts. Verstehen Sie, dass Sie niemand sind und leben Sie dann diesem Wissen entsprechend. Wenn die Vorstellung oder das Empfinden, eine Person zu sein, Sie nicht länger täuschen, dann leben Sie die Wahrheit aus der Fülle des Herzens, ob Sie nun denken oder nicht, und ob Sie nun handeln oder nicht.

Befinde ich mich in diesem Moment in der richtigen Beziehung zu mir und zur Welt?

Oh ja. Sie befinden sich in einer Beziehung, die alles einschließt, und das ist richtig. Die Welt und auch Ihre körperlichen und mentalen Anteile werden von Ihrem wahren Selbst umschlossen. Liebe ist Einbeziehen. Verständnis ist ein Schritt in die richtige Richtung, doch das eigentliche Ziel, das wahre Zentrum ist das Herz.

Ist das Herz der Bereich zwischen diesem Ast und dem nächsten – um die Analogie mit dem Affen zu benutzen?

Wenn Sie den Ast, an dem Sie sich festhalten, loslassen, ohne sich am nächsten festzuhalten, dann fallen Sie ins Herz. Sie müssen bereit sein, zu sterben. Lassen Sie alles Bekannte weggleiten; alles was Ihnen beigebracht wurde; alles was Sie besitzen, auch Ihr Leben – oder zumindest alles, was Sie zu diesem Zeitpunkt für Ihr Leben halten. Das braucht Mut. Es ist eine Art Selbstmord.

Ist es wirklich so? Erinnern Sie sich zum Beispiel noch an die Momente, die Ihrem Erwachen vorausgingen?

Ja.

War es so?

Ja.

Danke. Hatten Sie zuvor eine Ahnung, was passieren würde?

Ja und nein. Ja, weil ich die Einladung spürte. Nein, weil ich bis zu jenem Punkt nur das relative Glück, die relative Wahrheit, die relative Erkenntnis gekannt hatte und mir das Absolute, das Unsagbare nicht vorstellen konnte. Das Selbst überschreitet alle Konzepte und jegliche Projektion. Deshalb können wir uns nicht auf eigene Faust zu ihm hinbegeben, wir müssen warten, bis es um uns wirbt. Doch wenn es uns dann einlädt, müssen wir frohen Herzens und ohne zu zögern Ja sagen. Die Entscheidung liegt bei uns. Sie ist die einzige Entscheidung, bei der wir wirklich die freie Wahl haben.

Einer der Gründe, warum ich mich dieser Einladung noch nicht öffnen mag, ist meine Furcht, dass mein Leben sich dann radikal verändern wird.

Oh ja. Das wird es.

Auch meine Familie?

Auch Ihre Familie. Alles wird sich verändern.

Ich fürchte, dass mich die Menschen dann verlassen werden.

Ich kann Ihnen versichern, dass Sie nichts bereuen werden.

Ist es möglich, die Einladung zu erhalten und sie abzulehnen?

Ja. Sie sind frei.

Werde ich wieder eingeladen werden?

Ja. Seien Sie bereit. Seien Sie offen. Sie sind offen, wenn Sie verstehen, dass Sie selber nichts tun können, um zum König zu gelangen. Wenn Sie Ihre völlige Machtlosigkeit anerkennen, werden Sie zu einem leeren Raum. Sobald Sie dieser leere Raum geworden sind, werden Sie zu einem Heiligtum. Dann kann der König eintreten, den Thron einnehmen und Sie mit unsterblicher Gegenwärtigkeit beglücken.

Sie haben gesagt, dass ich nichts tun kann, um dieses Ego, das an mir klebt, loszuwerden.

Es gibt nichts, was die Person, die fragmentarische Wesenheit, für die Sie sich halten, tun kann.

Heißt das, solange ich mich für sie halte, ist alle spirituelle Praxis nutzlos?

Genau. Jede Praxis, die aus der Idee entspringt, ein körperliches oder mentales Wesen zu sein, kann nicht spirituell genannt werden. Sie ist nichts als ein Aneignungsprozess, der Sie von dem, was wahr ist, wegbringt. Sie können sich das, was Sie wirklich sind, nicht aneignen, weil Sie es schon sind. Das Ego ist vergänglich. Es ist ein sich wiederholender, mit Gefühlen, Körperwahrnehmungen und Reaktionen verbundener Gedanke. Wenn Sie von der Schönheit eines Musikstücks, der Pracht eines Sonnenuntergangs oder der Zartheit einer Liebesbezeugung berührt werden, verschwindet das Ego. In einem solchen Moment sind Sie offen und vollständig. Wenn Sie mit verschiedenen Übungen und Praktiken versuchen, Ihr Ego zu verbessern – wie ein Sammler, der seine Kollektion ständig durch neuere und bessere Anschaffungen aufzuwerten versucht – dann werden Sie immer mehr an ihm festhängen und schließlich in Unglück und Isolation leben.

Verschwindet das Ego allmählich oder plötzlich?

Sie wissen schon längst, wer Sie sind. Selbst ein Mensch, der noch nicht zum Interesse an der tiefsten Wahrheit erwacht ist, kennt Momente der Freude. Während dieser Momente ist das Ego nicht vorhanden. Sie strahlen von Ihrem wahren Wesen aus, welches reine Freude ist. Ein jeder erkennt die Freude unmittelbar. Das Selbst erkennt sich als das Selbst durch das Selbst. Nur das Sein hat Zugang zum Sein. Nur die Freude hat Zugang zur Freude, nur die Ewigkeit zur Ewigkeit. Was uns aus dem Garten Eden vertreibt und in eine frenetische Suche stürzt, ist die irrige Vorstellung, dass dieses wahre Sein, diese Freude und diese Ewigkeit nicht vorhanden sind. Mit dem Wiedereintauchen des Ego in das Sein – welches unserem zeitgebundenen Blick wie ein Loslassen erscheint, das von einer plötzlichen Illumination gefolgt wird – enden diese Suche und diese Unruhe.

Wodurch geschieht dieses Wiedereintauchen?

Es gibt auf der Ebene, auf der sie gestellt wird, keine Antwort auf diese Frage, da die Wirkung schon in der Ursache und die Ursache noch in der Wirkung enthalten sind. Wie im Märchen, wo der Bettler vom Magier erfährt, dass er in Wirklichkeit ein Königssohn ist, können wir anscheinend durch ganz zufällige Begegnungen von unserer wahren Identität in Kenntnis gesetzt werden. Die Verkündigung dieser guten Nachricht, dieses Evangeliums im wahrsten Sinne des Wortes, bringt einen Urinstinkt in den Tiefen unseres Wesens zum Rumoren und setzt uns auf die Fährte, die uns zum Absoluten führt. Diese innere Bewegung bringt eine Ahnung von unserem wahren Wesen mit sich, und die freudige Heiterkeit, die damit einhergeht, leitet unser Begehren in bislang unbekannte Richtungen. Was wir hier erkennen, hat mit einer objektiven und zeitgebundenen Realität nichts zu tun und findet nicht auf der Gedächtnis- oder Zeitebene statt. Diese Gnade kann also nicht vergessen werden. Sie ruft uns immer häufiger, und mit jeder neuen Begegnung wächst unsere Sehnsucht nach dem Göttlichen. Wie der verirrte Wanderer in kalter Winternacht, der durch das rote Leuchten eines Gasthoffensters auf das Feuer aufmerksam wird, das drinnen brennt und der die Tür aufstößt und sich für ein paar Momente am Kamin wärmt, so betreten wir das Heiligtum und ruhen für einen Moment in der Wärme des heiligen Lichtes, bevor wir uns wieder auf den Weg machen, hinaus in die Nacht. Wenn unser Begehren für das Absolute schließlich stärker wird als unsere Angst vor dem Tod, opfern wir den Anschein unserer persönlichen Existenz an das heilige Feuer des grenzenlosen Bewusstseins. Dann steht dem Erwachen nichts mehr im Wege, und es entfaltet allmählich seine Pracht auf allen Ebenen der Welt der Erscheinungen. Diese geben den Blick allmählich auf die ihnen zugrundeliegende zeitlose Existenz frei. Genauso fiel der Blick des Shams von Tabriz „niemals auf ein flüchtiges Objekt, ohne ihm Ewigkeit zu verleihen."

Wie kann ich meine Angst davor überwinden, die Wahrheit zu sehen, die der Kenntnis meines wahren Wesens im Wege steht?

Seien Sie zuerst einmal glücklich, dass Sie sich dieser Angst in Ihrem Inneren bewusst sind. Die meisten unterdrücken und vermeiden sie. Sobald die Angst in einem Moment des Alleinseins oder des Nichtstuns ihr Gesicht zeigt, stellen sie das Fernsehen an, gehen einen Freund besuchen oder stürzen sich in irgendeine Aktivität. Ihre Angst zu entdecken ist also ein bedeutungsvoller erster Schritt.

Ich weiß nicht, ob ich sie entdeckt habe. Vielleicht fühle ich einfach, dass sie da ist.

Leben Sie mit ihr, interessieren Sie sich für sie, unterdrücken Sie sie nicht. Nehmen Sie ihr gegenüber eine wohlwollende Haltung ein, eine Haltung, die ihr erlaubt zu kommen und zu gehen. Nehmen Sie sie als das, was sie ist – eine Mischung aus Gedanken und Körperempfindungen. Fragen Sie sich: „Wer hat Angst?" und Sie werden sehen, wie der Angst-Gedanke verschwindet und nur einige Reste von lokalisierter Angst, das Angstgefühl auf somatischer Ebene hinterlässt. Letzten Endes ist das Ganze nichts als eine Show und Sie sind der Zuschauer. Denken Sie darüber nach, und denken Sie über Ihre eigenen Reaktionen nach, über Ihre Flucht und Ihr Leugnen. In dem Moment, wo Sie Ihr Leugnen erkennen, beginnen Sie anzunehmen – egal was passiert. Auf diese Weise nehmen Sie die Haltung des Betrachters ein, und das ist sowieso Ihre natürliche Haltung.

Alles entfaltet sich also spontan. Die Angst ist Ihr Ego; das Monster, das Sie in Ihren Gedanken und Körperempfindungen mit sich herumschleppen; der Thronräuber, der Sie von dem freudvollen Reich fernhält, welches Ihnen gehört. Sehen Sie sie in ihrer Ganzheit. Haben Sie keine Angst vor ihr, mögen ihre Züge noch so erschreckend sein. Beziehen Sie die Kraft, sie anzuschauen, aus Ihrem Durst nach dem Absoluten, nach der Freiheit. Wenn Sie beginnen, sie zu spüren, denken Sie: „Komm her, Angst. Zeige dich mir. Richte es dir gemütlich ein. Du kannst mich nicht erreichen." Die Effektivität dieser Methode besteht darin, dass die Angst etwas ist, was Sie wahrnehmen – sie ist also begrenzt. Die längste Schlange der Welt ist irgendwo zu Ende. Wenn sie erst einmal aus dem hohen Gras auftaucht und ganz sichtbar wird, ist die Gefahr gebannt, denn sie kann keinen Überraschungsangriff mehr starten. Genauso ist es mit Ihrer Angst. Wenn Sie sie ganz vor sich sehen, wenn kein Teil von ihr vor Ihnen verborgen ist, dann kann auch kein Teil von Ihnen sich mit ihr indentifizieren. Sie ist ein Objekt, welches sich von Ihnen losgelöst hat. Die Nabelschnur aus Nichtwissen, welche das Ego nährt, ist nicht länger aktiv. Wenn dieses Phantom-„Ich" nicht länger gefüttert wird, kann es sich nicht länger aufrechterhalten. Es stirbt in der Explosion Ihrer ewigen Freiheit.

Wenn wir erst einmal unsere tiefste Wirklichkeit erkannt haben, bleibt eine Erinnerung dieses Erkennens für immer bei uns. Wir beginnen, bewusst zu sein, wenn das Ego sich einmischt und können es trainieren, auf Abstand zu bleiben, um es uns zu ermöglichen, immer offener für das zu sein, was wir sind. Können Sie bitte dazu etwas sagen?

Der Versuch, es zu trainieren oder auszuschalten ist zwecklos. Wer ist der Ausführende, wenn Sie es trainieren oder ausschalten?

Das Ego schaltet sich selber aus.

Wie kann das möglich sein? Im Gegenteil, dieser Versuch hält es am Leben. Das Ego ist nur dann ein Hindernis, wenn wir ihm unsere Aufmerksamkeit schenken. Anstatt diese Frage von der negativen Seite, dem Ego und seiner Ausschaltung anzugehen, beginnen Sie lieber mit der positiven Seite. Die Erkenntnis, von der Sie gesprochen haben, lässt eine Erinnerung an die Fülle in Ihnen zurück. Diese Erinnerung bezieht sich auf ein nicht-mentales Erlebnis und entstammt also nicht dem Gedächtnis, das nur objektive Elemente aufzeichnen kann. Wenn Sie sich von ihr leiten lassen, wenn Sie ihr dadurch entgegenkommen, dass Sie mit Ihrem ganzen Wesen ihrem Ruf folgen, dann wird die heilige Emotion, die die Erinnerung in Ihnen weckt, Sie direkt an die Schwelle Ihrer zeitlosen Gegenwärtigkeit führen. Leben Sie mit dieser Erinnerung. Vergessen Sie die objektiven Umstände, welche dieser Erkenntnis vorausgingen oder folgten und verweilen Sie mit dem Erinnern selbst. Lieben Sie es wie Ihren wichtigsten Besitz und denken Sie daran – die Quelle, aus der es hervorkommt, ist immer gegenwärtig, hier und jetzt. Das ist der einzige Ort, wo Sie es finden können: hier und jetzt. Nicht im Denken; nicht bevor Sie denken; nicht bevor Sie denken, dass Sie denken. Denken Sie nicht einmal daran...

Einfach das, was ist, da sein lassen..

Sprechen Sie nicht darüber. Formulieren Sie es nicht. Bewerten Sie es nicht; wenn Gedanken dazwischentreten, entfernt Sie das von ihm. Versuchen Sie es gar nicht erst... Sie strengen sich immer noch viel zuviel an. Das ist nutzlos. Geben Sie auf und seien Sie, was Sie schon längst sind: absolute Stille.

Ich möchte heute hier sein und ich habe die Wahl getroffen, hier zu sein, aber was kann ich in der Gegenwart eines Meisters lernen, das ich nicht auch alleine lernen könnte?

Was immer Sie lernen, lernen Sie alleine. Ich kann Ihnen das Lernen nicht abnehmen. Jeder Umstand, jedes Ereignis in Ihrem Leben bringt Ihnen etwas bei. Was Sie durch Ihre Fragestellung lernen können ist, dass es auf der persönlichen Ebene, die Sie anführen, keinen Meister gibt. Auf der Ebene bin ich nicht Ihr

Meister. Es macht mich einfach glücklich, Ihr Freund zu sein. Der wahre Meister ist keine Person. Er ist Ihr Selbst, das Selbst aller Dinge. Geben Sie sich ihm hin, lieben Sie es, interessieren Sie sich für nichts anderes mehr. In denen, die mit der reinen Intention zu mir kommen, es kennenzulernen, fühle ich seine Präsenz vibrieren und sie erkennen seine Präsenz in mir. Man könnte sagen, dass diese Präsenz sich selbst im scheinbar Anderen durch eine Art gleichgestimmter Resonanz erkennt. Das Göttliche in mir erkennt das Göttliche in Ihnen im gleichen Augenblick und auf gleiche Art, wie das Göttliche in Ihnen das Göttliche in mir erkennt. Wer ist unter diesen Bedingungen der Meister und wer der Schüler? Wer ist Sie und wer ist ich?

Ich weiß nicht, ob dies eine Frage ist. Ich saß hier und versuchte systematisch ruhig zu sein. Sobald Sie hereinkamen, war alles plötzlich ganz still. Ich kam mir wie ein Sterbender vor, der verzweifelt versucht, den letzten Atemzug zu tun. Als erster Gedanke kam mir ein wundervolles Gefühl des Erstaunens. Danach kam es mir vor, als ob jeder weitere Gedanke den Versuch darstellte, der Stille, die mich spontan erfüllte, zu entfliehen...

Wenn Sie auf diese Art eingeladen werden, sollten Sie sich ganz hingeben. Versuchen Sie nicht, herauszufinden, wo Sie in dem Ganzen sind. Versuchen Sie nicht, die Situation zu kontrollieren. Es ist nicht möglich. Selbst der allererste Gedanke, welcher diese Erfahrung kommentiert, ist schon zuviel. Er hindert Sie daran, völlig loszulassen. Es reicht nicht, die königliche Einladung zu erhalten; Sie müssen danach auch zum Palast gehen und das Gastmahl genießen, das Ihnen bestimmt ist. Der Wahrheitssuchende in Ihnen ist ständig damit beschäftigt, Ihre Gedanken, Gefühle und Handlungen zu kontrollieren. Irgendwann wird auch er verschwinden, denn er ist nichts als ein Konzept, ein Gedanke. Er ist nicht Sie. Sie sind jene Freiheit, jene Unermesslichkeit, in der der Suchende erscheint und verschwindet. Sie sind das, was Sie suchen, oder genauer: jene Unermesslichkeit sucht sich selbst in Ihnen. Überlassen Sie sich dem ohne Vorbehalt.

Inwieweit haben wir die Freiheit, unser Leben zu bestimmen?

Als Individuen oder als das, was wir wirklich sind?

Als Individuen.

In dem Fall sind wir ganz und gar konditioniert. Es gibt also keinen freien Willen. Es scheint, als hätten wir die freie Wahl, aber wir reagieren nur wie Automaten und durchlaufen pausenlos die immer gleichen Muster unseres psychosozialen Erbes mit den immer gleichen Reaktionen – wie ein Getränkeautomat in einer Bahnhofshalle. Unsere individuelle Freiheit ist eine Illusion.

Auf der Ebene unseres tiefsten Wesens hingegen entströmt unserer Freiheit alles. Jeder Gedanke und jede Wahrnehmung erscheint, weil wir es so wollen. Das können wir auf der Gedankenebene nicht verstehen, doch wir können es erfahren. Wenn wir völlig offen für das Unbekannte sind, ist da keine persönliche Wesenheit mehr. Dann erkennen wir, dass aus dieser Offenheit – in der ewigen Gegenwart – das greifbare und vorstellbare Universum hervorgeht. Wir wünschen, erschaffen und sind in jedem Moment Alles, in der Einheit des Gewahrseins.

Sie sprechen davon, unseren Gedanken und Wahrnehmungen gegenüber völlig offen zu sein. Wie können wir alles, was sich uns darbietet, mitten im hektischen Rhythmus des modernen Lebens wahrnehmen? Geht das denn?

Sie haben in Wirklichkeit überhaupt keine Wahl, denn Sie sind dem gegenüber, was Sie denken, wahrnehmen oder tun, von Moment zu Moment offen. Wenn zum Beispiel ein Gedanke erscheint, dann ist der doch spontan, oder?

Ich verstehe nicht, worauf Sie hinauswollen.

Sie haben nichts unternommen, um den Gedanken hervorzubringen. Und wenn Sie eine derartige Anstrengung unternommen hätten, wäre auch diese Anstrengung ein spontaner Gedanke. In der Tat erscheinen alle Dinge von selbst im Bewusstsein, welches sich in einem Zustand ständiger Offenheit befindet. Das Bewusstsein sagt nie: „Ich will das," oder „ich will das nicht." Es sagt gar nichts, weil es unaufhörlich alles aufnimmt, was in seinem Feld aufsteigt. Wenn Sie sagen: „Ich will das" oder „ ich will das nicht," dann spricht da nicht das Bewusstsein – es erscheint einfach ein Gedanke aus sich selbst heraus. Dann sagen Sie: „Ich war nicht offen", und damit sprudelt schon wieder ein neuer Gedanke hervor. Im Hintergrund all dieses mentalen Aufruhrs befindet sich das Bewusstsein, immer offen, immer einladend. Von dem Moment an, wo Sie ins Leben treten, sind Sie offen. Offenheit ist Ihr Wesen. Darum ist es so angenehm, sie zu finden – Sie fühlen sich zu Hause, zwanglos, natürlich. Und um sich in Offenheit zu befinden, brauchen Sie nichts anderes zu tun als zu verstehen, dass sie Ihr wahres Wesen ist, dass Sie schon dort sind. Sobald Sie sich im bezeugenden Bewusstsein fest verankert haben, kann kein weltlicher Aufruhr Sie mehr ergreifen. Sie verstehen den Vorgang, kraft dessen er sich Ihrer bemächtigt, und durch dieses Verständnis entrinnen Sie ihm.

Sie springen in eine andere Dimension. Machen Sie sich mit ihr vertraut. Sehen Sie die Wirkung, die sie auf Ihren Verstand und Ihren Körper hat. Im Moment scheinen Ihnen meine Worte vielleicht bloße Ideen zu sein, doch der Tag wird kommen, wo sie sich in Ihnen auflösen und zu einem lebendigen Verständnis werden. Die Fragen nach der richtigen Meditation, nach der Offenheit oder dem Glücklichsein werden sich nicht mehr stellen, weil Sie einsehen werden, dass Sie schon Meditation, Offenheit und Glück *sind.*

Aber wir sind uns dessen nicht bewusst!

Untersuchen Sie es, finden Sie es für sich selbst heraus. Schauen Sie, ob es wahr ist, dass Sie fortwährend bewusst sind. Schauen Sie, ob es wahr ist, dass das, was Sie als sich erkennen, im Grunde nichts anderes ist als Bewusstsein. Nehmen Sie meine Behauptungen nicht als festgelegte Tatsachen. Hinterfragen Sie sie und hinterfragen Sie auch Ihre eigenen Überzeugungen. Leben Sie mit diesen Fragen und leben Sie vor allem in der stillen Offenheit, die auf jede Frage folgt; in dem kreativen „Ich weiß nicht.“ In dieser Offenheit erscheinen Antworten, die Ihre ursprünglichen Fragen nach und nach verändern, sie immer subtiler werden lassen, bis sie nicht mehr zu formulieren sind. Erlauben Sie dieser Restdynamik, sich in Ihrer empfänglichen Aufmerksamkeit zu erschöpfen, bis die letztendliche Antwort in all ihrer Pracht in Ihnen aufbricht.

Gestern abend haben Sie das Adjektiv „ungefärbt“ benutzt, um das Bewusstsein zu beschreiben. Wo bleiben in diesem Bild die Liebe und das Mitgefühl?

Die Wörter, mit denen wir das Unbeschreibliche beschreiben, müssen sofort aufgenommen werden. Wenn wir sie aus dem Zusammenhang reißen, verlieren sie ihren Duft und wir bleiben in offenbaren Widersprüchen stecken. Dazu fällt mir eine Geschichte ein. Ein Ch'an Meister widersprach sich selbst (anscheinend) mindestens zwölf Mal im Zeitraum von einer Stunde. In seiner Verzweiflung zählte ein Schüler dem amüsiert und wohlwollend blickenden Meister die ganze Serie von Widersprüchen auf. Doch ohne sich zu rechtfertigen, entgegnete der nur: „Also wirklich, ist das nicht seltsam und wundervoll? Ich werde nie begreifen, warum die Wahrheit sich ständig selbst widerspricht!“

Ich stimme zu. Das Bewusstsein kann nicht ausgedrückt werden. Ist das Mitgefühl auch jenseits von Worten?

Meine Bemerkung galt dem ersten Teil Ihrer Frage... Zuerst müssen wir das ungefärbte Zentrum vollkommener Freiheit und absoluter Autonomie in uns selbst finden. Wenn wir unseren Blick von jenem Zentrum, jenem Erkennen aus auf die Wesen richten, die uns umgeben, sehen wir zwar noch ihre Körper und nehmen ihre mentalen Anteile wahr, fliegen aber zugleich über alle psychosomatischen Begrenzungen hinweg direkt zu jenem ungefärbten, grenzenlosen Ort, welcher unsere gemeinsame Essenz darstellt, dorthin, wo es kein Anderes gibt. Aus diesem ungefärbten Zentrum heraus kann sich, den Umständen entsprechend, eine Handlung ergeben oder auch nicht. Eine Handlung, die aus dem Verständnis erfolgt, dass wir im Grunde ein einziges Wesen sind, ist voller Mitgefühl, Schönheit und Intelligenz. Sie kann auch andere Qualitäten mit sich bringen, wird sich jedoch, wenn die Umstände es erfordern, in die Farbe des Mitgefühls kleiden. Sie ist stets im Einklang mit der jeweiligen Situation, hinterlässt daher keine Spuren und befreit alle, die sie berührt. Wahres Mitgefühl trotzt allen vorgefertigten Ideen, die wir über es haben. Es kann bisweilen fremd, unangemessen, sogar brutal erscheinen, aber es ist frei, und das ist seine Schönheit. Es ist ein Tornado der Freiheit, der weht, wo er will und der auf seinem Weg alle vergänglichen Anhaftungen und falschen Vorstellungen ausrottet, bis nur das Unzerstörbare bleibt: das Wahre, das Ewige.

Was können Sie uns über die Intelligenz sagen?

Die gewöhnliche Intelligenz ist eine zerebrale Funktion. Sie verleiht uns die Fähigkeit zur Anpassung und Organisation. Sie ermöglicht es uns, mit komplexen Problemen umzugehen, indem sie eine große Anzahl von Gegebenheiten ins Spiel bringt. Sie ist mit der vererbten und erworbenen Konditionierung des Gehirns vernetzt und arbeitet sequentiell, in der Zeit. Diese Art Intelligenz ist dafür verantwortlich, mathematische Kalkulationen durchzuführen, logische Argumente zu formulieren oder Tennis zu spielen. Sie funktioniert wie ein Supercomputer, ist hervorragend für Routineaufgaben geeignet und wird eines Tages vielleicht von Maschinen überholt werden. Sie fußt auf der Erinnerung, dem Bekannten.

Die intuitive Intelligenz hingegen erscheint als Verständnis und Klarheit. Sie ist dafür verantwortlich, in der offensichtlichen Komplexität die Einfachheit zu erkennen. Sie agiert direkt, momentan. Immer kreativ und nicht an das Bekannte gebunden, ist sie im Kern aller wissenschaftlichen Entdeckungen und großen Kunstwerke zu finden. Ihre Quelle ist die höchste Intelligenz zeitlosen Gewahrseins.

Richtet sich die intuitive Intelligenz in dem Versuch, ihre eigene Quelle zu begreifen, auf sich selbst, dann verliert sie sich im augenblicklichen Erkennen der höchsten Intelligenz. Das Erkennen jener höchsten Intelligenz bedeutet eine Implosion, welche die Illusion, eine getrennte Wesenheit zu sein, zerstört.

Geschieht diese Erkenntnis unabhängig von jemandes allgemeinem Intelligenzniveau?

Ja. Ein sicheres Zeichen dafür, dass diese Erkenntnis stattgefunden hat, ist die Präsenz eines intensiven Verlangens, aufzuwachen.

Wird die Zerstörung des Ego durch ein allmähliches oder ein plötzliches Erwachen hervorgerufen?

Schon der erste Erkenntnismoment enthält in seinem Innersten den Keim seiner Erfüllung, so wie im Samen bereits die Blume, der Baum und die Frucht enthalten sind. Das Ego, von der noch unvollständigen Vision dieser Intelligenz getroffen, erhält den Anschein von Leben aufrecht. Zu diesem Zeitpunkt hält die Gewohnheit an ihren bisherigen Identifikationen fest, doch der Glaube an unsere unabhängige Existenz hat einen irreparablen Riss erhalten. Das Herz ist nicht mehr bei der Sache, könnte man im wahrsten Sinne des Wortes sagen. Zeitweilige Wiederholungen dieser Erkenntnis verbreitern den Riss weiter, bis schließlich das Ego, ein wahrgenommenes Objekt, vollständig objektiv wird, um sich dann vor Ihren Augen aufzulösen und der Invasion des Unbeschreiblichen den Weg zu bereiten.

In der Folge dieses Erwachens sind wir frei von Angst und Verlangen. Von der Angst, weil uns mit der Integration unseres unsterblichen Selbst das Phantom des Todes für immer verlässt. Vom Verlangen, weil die alte Attraktion für Objekte uns, die wir die absolute Fülle des Seins kennen, spontan verlässt. Alte physische und mentale Gewohnheiten, die sich auf den früheren Glauben an eine persönliche Existenz gründen, können noch eine Weile bestehen bleiben, doch jede Identifikation mit wahrgenommenen oder vorgestellten Objekten ist von nun an unmöglich. Wenn sie in der unfassbaren Neutralität des Gewahrseins betrachtet werden, sterben diese Gewohnheiten eine nach der anderen, und ihr gelegentliches Auftreten führt nicht mehr zur Rückkehr der Ego-Illusion.

An welchen Zeichen können wir die höhere Intelligenz erkennen?

Gedanken, Gefühle und Empfindungen, welche der höheren Intelligenz entströmen, beziehen sich auf ihre Quelle, das Selbst. Einmal übermittelt, tragen sie uns zur Küste des Absoluten wie Schaum, der von den Wellen an den Strand getragen wird. Der Gedanke, welcher Wahrheit denkt, entstammt der Wahrheit und bringt uns zu ihr zurück. Dieser Gedanke hat viele verschiedene Facetten. Er stellt scheinbar verschiedene Fragen wie: Was ist Glück? Was ist Gott? Wer bin ich? All diese Fragen entstammen einer gemeinsamen Quelle: der ewigen Freude, dem Göttlichen, unserem Selbst.

Wenn diese vom Duft der Wahrheit erfüllten Fragen Sie einladen, geben Sie ihnen Raum, geben Sie ihnen Zeit, geben Sie sich ihnen hin, erlauben Sie ihnen, Sie zu tragen. Diese Fragen sind der Fußabdruck Gottes in Ihrer Seele. Lassen Sie ihn gehen, wohin er will. Derjenige, in dem diese Fragen erwacht sind, ist sehr begnadet. Kein Hindernis kann ihm den Zugang zur Wahrheit verstellen. Wenn Sie das Verlangen nach dem Äußersten gepackt hat, unterstützt das gesamte Universum die Erfüllung dieses Verlangens.

Befinden Sie sich in diesem Moment im Zustand des Erfülltseins?

In diesem Zustand gibt es keinen Jemand. Dieser Nicht-Zustand ist die Abwesenheit der Person.

Gehen Sie da hinein und wieder heraus?

Es ist kein Zustand.

Sind Sie in diesem Zustand wach?

Dieser Nicht-Zustand ist wach für sich selbst. Er ist Gewahrsein; ich bin Gewahrsein; Sie sind Gewahrsein.

Dann ist Ihnen also bewusst, dass alles am richtigen Platz ist?

Aus dem Blickpunkt von Gewahrsein ist alles Gewahrsein, also ist alles am richtigen Platz. Nichts ist tragisch. Alles ist leicht, alles ist Gegenwärtigkeit.

Angesichts der Tatsache, dass wir und die Dinge um uns herum Licht sind – nehmen Sie die Dinge anders wahr als wir?

Nein. Ich sehe alles genauso wie Sie. Aber es gibt Dinge, die Sie zu sehen glauben und die ich nicht sehe. Für mich kommt in dem Bild keine persönliche Wesenheit vor. Selbst wenn eine alte Gewohnheit aus dem Gedächtnis aufsteigt, wird sie vollständig objektiviert. Sie ist einfach Teil des Bildes. Sie ist nicht was ich bin. Ich halte mich nicht für etwas Gedachtes oder Wahrgenommenes. Das ist alles. Sie können dasselbe tun. Sie sind frei. Sie brauchen es nur zu versuchen. Tun Sie es! Jetzt gleich!

Wie mache ich das denn?

Jedesmal, wenn Sie sich selbst für ein Objekt halten, zum Beispiel für einen Körper oder einen Mann mit einem bestimmten Beruf, seien Sie sich dessen bewusst.

Es gibt also ein Selbst, das auf einer höheren Ebene die Situation überschaut. Ist das die Perspektive?

Das ist ein intellektuelles Verständnis der Perspektive, nicht ihre Wirklichkeit. Die Wirklichkeit ist Ihre empfangende Aufmerksamkeit, nicht das Konzept Ihrer empfangenden Aufmerksamkeit oder das Konzept Ihrer selbst als empfangende Aufmerksamkeit. Sie ist einfach Ihre leuchtende Präsenz, ohne Anspannung oder Widerstand, welche Augenblick für Augenblick den entstehenden Gedanken oder die entstehende Sinneswahrnehmung willkommen heißt, ihr erlaubt, sich frei zu entfalten und sich dann wieder spurlos in sich selbst aufzulösen. Dieses ursprüngliche Licht ist keine Abwesenheit, sondern eine Fülle. Geben Sie sich ihm hin. Lassen Sie sich von ihm überwältigen.

Kapitel 2

Der direkte Pfad

Wenn wir die Erleuchtung erleben, kennen wir dann unsere früheren Inkarnationen? Die Ch'an Meister sprechen davon, unser ursprüngliches Gesicht zu sehen – ist es das, was sie damit meinen?

Die Erleuchtung wird nicht von der begrenzten Wesenheit „erlebt", welche angeblich wiedergeboren wird. Es gibt nur ein Licht, ein Gewahrsein, in dem alle Zeiten, alle Welten und alle Inkarnationen in zeitloser Gleichzeitigkeit existieren, jenseits der Auffassungsgabe des seriellen Verstandes. In Wirklichkeit gibt es niemanden, der Erleuchtung erfährt. Sie ist eine nicht-objektive Erfahrung – keine persönliche Wesenheit hat an ihr teil. Man könnte sagen, dass sich unser wahres Gesicht in dieser Nicht-Erfahrung selbst betrachtet; alle Fragen finden hier ihre letztendliche Antwort.

Wenn das Unwissen irgendwann ein Ende hat, dann muss es auch einmal begonnen haben. Wie kann es „anfangslos" sein? Wenn die Täuschung irgendwann begonnen hat, wie kann ich dann sicher sein, dass sie nicht wieder erscheint, nachdem sie beendet ist?

Alles, was einen Anfang und ein Ende hat, ersteht aus diesem zeitlosen Hintergrund von Gewahrsein, existiert in ihm und verschmilzt wieder mit ihm. Obwohl alles einen zeitlichen Anfang und ein zeitliches Ende zu haben scheint, wird eine gründliche Erforschung zu der Einsicht führen, dass in Wahrheit alles, auch die Vorstellung von Zeit und Raum, seinen Ursprung und sein Ende in unserer zeitlosen Essenz hat, im Gewahrsein, unserem wahren „Ich". Ein solches „Ding", das im Bewusstsein beginnt und endet, ist vom Gewahrsein nicht verschieden. Es besteht aus Gewahrsein, so wie ein Ring aus Gold besteht. Daraus folgt, dass alles reines Bewusstsein ist, reines Sein, reine Glückseligkeit. Die Zeit und alle anderen Objekte sind Illusionen. Sie borgen sich ihre Realität vom Bewusstsein, besitzen aber keine unabhängige Existenz und daher auch keinen Anfang und kein Ende in der Zeit.

Wenn Sie über Täuschung sprechen, dann gehen Sie davon aus, dass da eine Person existiert, die sich täuscht und die eines Tages erleuchtet sein wird. Doch wenn Sie diese persönliche Wesenheit ernsthaft erforschen, wird sich herausstellen, dass sie nur ein wahrgenommenes Objekt ist, das sich aus Gedanken und Körperempfindungen zusammensetzt, das erscheinen und verschwinden kann und das sich von dem bleibenden Selbst, welches Sie intuitiv als sich selbst erkennen, völlig unterscheidet. Wer wurde also getäuscht? Es kann sich dabei unmöglich um Ihr Bewusstsein, Ihr wahres Selbst, die höchste Wahrheit handeln; doch auch eine persönliche Wesenheit kann es nicht gewesen sein, denn eine solche Wesenheit ist nichts als ein wahrgenommenes Objekt, leblos, empfindungslos, und kann also nicht getäuscht werden. Wenn das verstanden wird, sehen wir ein, dass niemand je getäuscht worden ist. Wenn aber niemand je getäuscht worden ist, dann wird und kann niemand je von der Unwissenheit erlöst werden. Auf dieser Ebene stellt sich die Frage nach dem Beginn der Täuschung also gar nicht erst. Ihre Frage entspringt der illusorischen Ego-Ebene. Sie geht davon aus, dass das Ego, welches selbst eine Täuschung und der Ursprung aller Täuschungen ist, eines Tages von der Unwissenheit erlöst werden kann. Die Unwissenheit spielt mit dem Gedanken, dass sie von der Unwissenheit erlöst werden könnte und macht sich dann Sorgen darüber, wieder in die Unwissenheit zurückzufallen.

Ich denke ständig über die Erleuchtung nach und frage mich, ob sie ein formloser Zustand ist oder nicht. Als Sie vor ein paar Tagen sagten, dass alle Begrenzungen wahrgenommen werden, erkannte ich das sofort als die Wahrheit. Ich begriff, dass jeder Glaube, den ich über die Erleuchtung habe, nichts als eine weitere Begrenzung ist.

Ja, Ihr Glaube, dass die Erleuchtung formlos ist, stellt eine Begrenzung dar, welche das, was Sie sind, überlagert. Wenn Sie versuchen, sich das Glück oder die Wahrheit vorzustellen, werden Sie sich zuerst bemühen, sie als Objekte zu sehen, als grob oder subtil, profan oder heilig. Dann wird Ihnen irgendwann der Gedanke kommen, dass sie gar keine Objekte sind, und Sie werden versuchen, sie sich als Nicht-Objekt vorzustellen, als Leere. Das wird Sie in einen inhaltslosen Zustand versetzen, den Sie normalerweise nicht aufrechterhalten können (einige Yogis können es). Dieser Zustand ist nicht dasselbe wie das Strahlen, die Gewissheit und die Glückseligkeit, welche Sie suchen. Den Wahrheitssuchenden, der ihn aus eigener Kraft nicht überwinden kann, stellt dieser inhaltslose Zustand oft vor ein Rätsel. In den meisten Fällen ist die lebende Präsenz eines Meisters nötig, um ihn zu überschreiten. Dieser inhaltslose Zustand ist immer noch ein Objekt. Um sich über ihn hinaus zu begeben, muss eingesehen werden, dass die Erleuchtung von der mentalen Funktion absolut nicht erreicht werden kann. Hat diese das erst einmal erkannt, wird sie ganz von selber still, denn es gibt für sie keinen Platz mehr. Die mentale Ebene derart spontan und mühelos ruhig zu stellen, entspricht einer reinen und offenen Einladung. Diese Offenheit bringt die Möglichkeit mit sich, wissentlich das zu sein, was Sie sind.

Wird meine unaufhörliche Suche nach der Wahrheit vom Ego angetrieben?

Ich spüre, dass Sie ernsthaft an der Wahrheit interessiert sind, dass die Suche nach Ihrem wahren Wesen die wichtigste Aktivität Ihres Lebens ist. Ich meine damit nicht, dass Sie nicht auch an anderen Aspekten des Lebens interessiert sind, sondern dass Ihre Liebe für die höchste Wahrheit zum Angelpunkt geworden ist, um den sich alles andere dreht. Wenn Ihnen mitgeteilt würde, dass Sie nur noch wenige Tage zu leben hätten, dann würde Sie die Fragestellung nach dem Höchsten vorrangig beschäftigen, dessen bin ich mir sicher. Das sollte Ihnen als Hinweis darauf dienen, wo der Schwerpunkt Ihres Verlangens liegt. Ein derartiges Verlangen, eine derart hingebungsvolle Suche kommt nicht aus dem Ego, sondern aus der Wahrheit selbst. Wenn Sie Ihrem Verlangen nach der Wahrheit folgen, wenn Sie forschen, neue Bücher entdecken, spirituelle Freunde treffen, dann wird Ihnen ein Vorgeschmack auf die grundlose Glückseligkeit zuteil werden. Ich schlage also vor, dass Sie Ihre Liebe zur Erkenntnis anerkennen, als Ihre Führung annehmen und ihr folgen, wann immer sie Sie einlädt. Seien Sie sich absolut sicher, dass die Handlungen, welche aus ihr aufsteigen – im Gegensatz zu den Ängsten, Sorgen und Zweifeln, welche die Vorstellung, eine getrennte Wesenheit zu sein, mit sich bringt – nicht vom Ego verursacht sind.

Ihre Suche nach der Wahrheit sollte mit offenem Geist geschehen, frei von allen Überzeugungen oder Anhaftungen an irgendeine Religion oder Philosophie. Sie sollte einzig auf Ihr intimes Gefühl von Harmonie, Verstehen und Hingabe gründen. Wenn Sie von einem majestätischen Sonnenuntergang angerührt werden, einer Schrift, welche direkt auf die Wahrheit deutet, einer Begegnung mit einem Freund, der frei von der Vorstellung ist, ein persönliches Wesen zu sein, oder generell von jeder Situation Ihres Lebens, dann besinnen Sie sich auf die Ihnen innewohnende Schönheit, Intelligenz und Liebe. Auf diese Weise bleibt Ihre Erforschung lebendig, unschuldig und mühelos. Sie wird Sie unweigerlich und freudevoll zu jenem Hintergrund führen, der das gemeinsame Ziel aller Religionen und Philosophien darstellt.

Bedeutet der direkte Pfad, mit dem täglichen Leben weiterzumachen und auf die Gnade zu warten?

Wir müssen mit nichts weitermachen. Das Leben macht sich selbst weiter, ganz von alleine, ohne unser Zutun. Alles was unerwartet zu uns kommt, ist Gnade. Warum darauf warten? Warum es hinausschieben? Warum es nicht willkommen heißen? Seien Sie einfach offen für die Möglichkeit, dass alles, was der gegenwärtige Moment Ihnen bringt, ein Geschenk der Gnade ist. Das ist der direkte Pfad.

Ich verstehe, dass wir wohl schon die höchste Wirklichkeit sind, dass dieses Wissen aber von Unwissenheit überdeckt ist.

Ja. Sie benutzen das Wort „wohl", was darauf schließen lässt, dass Sie einen logischen Schluss ziehen, dass also das Verständnis, von dem Sie sprechen – dass wir schon die höchste Wirklichkeit sind – ein intellektuelles ist. Dieses konzeptuelle Verstehen lässt zumindest die Möglichkeit zu, dass das wirklich der Fall ist; dass wir das Absolute sind, das Eine ohne ein Zweites. Sollte das so sein, dann befindet sich das, was wir wirklich sind, außerhalb der Reichweite Ihres begrenzten Verstandes. Wenn wir erkennen, dass der Verstand trotz all seiner Fähigkeiten absolut unfähig ist, die Wahrheit, nach der wir streben, zu begreifen, findet jedes Bemühen, die Erleuchtung zu erlangen, natürlicherweise ein Ende. Diese Mühelosigkeit ist die Schwelle zum wahren Verständnis jenseits aller Begrenzungen.

Wollen Sie damit sagen, dass die allmählichen Pfade wie der Pfad des Verstehens (Jnana Yoga), des richtigen Handelns (Karma Yoga), der Hingabe an das Göttliche oder den spirituellen Meister (Bhakti Yoga) alle auf dem Holzweg sind?

Wenn Sie die Wahrheit verstehen, so wie sie in den Schriften aufgezeichnet ist, wo ist dann das Unwissen? Wenn Sie die Dinge sehen, wie sie wirklich sind, wo ist dann die Illusion? Wenn Sie spontan im Einklang mit diesem wahren Verstehen handeln und auf das jeweilige Bedürfnis eingehen, wo ist dann der Handelnde? Wenn Sie in der Hingabe an die klare Intelligenz, die wahre Demut und alle anderen göttlichen Qualitäten Ihres Meisters Ihre letzten Begrenzungen aufgeben und in dem See von Liebe aufgehen, der ihn umgibt, wo ist dann der Schüler? Wo der Meister? Wenn es also keine Unwissenheit gibt, keine Täuschung, keinen Handelnden, keinen Schüler, keinen Meister – wer beschreitet dann den allmählichen Pfad? Wer ist auf dem Holzweg? Wer behauptet irgend etwas? Wer fragt irgendwelche Fragen?

Ist es nicht legitim, den Ausdruck „erleuchtete Person" für jemanden zu verwenden, dessen Unwissenheit aufgelöst worden ist? Wenn ja, ist diese Auflösung nicht zu einem bestimmten Zeitpunkt passiert?

Erleuchtung ist das absolute Verständnis, dass Sie keine Person sind. Wenn das klar ist, gibt es dann noch eine Person, deren Unwissenheit aufgelöst wurde? Erleuchtung ist auch die Erkenntnis, dass die Zeit eine Illusion ist. Wenn das klar ist, gibt es dann einen bestimmten Zeitpunkt, dem diese Erkenntnis zugeschrieben werden kann?

Diese Antworten kommen Ihnen vielleicht intellektuell vor. Doch ich versichere Ihnen, sie sind einfach nur ehrlich und geradeheraus und geleiten Sie direkt zur Wahrheit. Ich zögere, den Begriff „erleuchtete Person" zu benutzen, da er die Vorstellung enthält, dass eine persönliche Wesenheit die Erleuchtung erlangen könnte. Wenn Sie sich einen eindrucksvollen Menschen vorstellen, einen, den Sie „erleuchtet" nennen würden, dann basiert seine oder ihre Erleuchtung auf der Abwesenheit der Idee, irgend etwas Objektives zu sein. Aus der Sicht des Lichtes, also bar jeglicher Vorstellung, ist niemand erleuchtet und niemand unerleuchtet – alles ist Licht. Der direkte Pfad bedeutet, diese Blickrichtung einzunehmen und beherzt beizubehalten. Anders ausgedrückt: er bedeutet, zu verstehen und zu fühlen, dass Sie keine begrenzte Wesenheit sind, und dann im Einklang mit diesem Verständnis zu leben. Dieser Standpunkt mag zunächst ungewöhnlich scheinen, doch Sie erkennen bald, dass er Ihnen die Tür zu einer vollkommenen Lebensweise öffnet – so sieht zum Beispiel auch ein Tennisspieler, der eine korrekte Rückhand gelernt hat, nach einigen Schlägen ein, dass er mit diesem neuen Griff den Ball fast mühelos und mit größerer Power und Präzision treffen kann.

Obwohl ich weiß, dass ich das, was ich suche, schon bin, scheinen mich meine Gedanken immer noch davon abzuhalten, im gegenwärtigen Moment zu leben. Wie kann ich mich vom Denken befreien?

Es gibt drei Arten von Gedanken:

1. Praktische Gedanken, die nützlich für unsere Arbeit oder unser tägliches Leben sind. Zum Beispiel: „Ich brauche Benzin." Diese Art von Gedanken sollten nicht unterdrückt werden. Wenn ihnen die nötige Aufmerksamkeit geschenkt wurde und die nötigen Schritte unternommen worden sind, verlassen sie uns spontan.

2. Gedanken, die sich auf das Absolute beziehen, auf unser Verständnis der nichtdualen Perspektive, wie zum Beispiel: „Ich bin schon das, wonach ich suche." Diese Gedanken kommen aus dem Absoluten. Wenn wir sie willkommen heißen, reinigen sie den Verstand von seiner dualistischen Konditionierung und bringen uns schließlich zurück zu ihrer Quelle. Sie verbreiten Klarheit und lassen die Glückseligkeit ahnen, die unserer wahren Natur zu eigen ist.

3. Gedanken, die sich auf die Vorstellung beziehen, eine persönliche Wesenheit zu sein, also zum Beispiel Begierden, Ängste, Zweifel, Tagträume und andere Arten von Wunschdenken. Einige dieser Gedanken erscheinen harmlos und sind zunächst schwer zu entdecken. Eine heftige Emotion, welche Leiden und Disharmonie wie zum Bespiel Eifersucht oder Angst mit sich bringt, kann leicht entdeckt werden. Doch angenehme Gedanken, wie die Vorstellung, am Strand der französischen Riviera Urlaub zu machen, können wir uns lange Zeit erlauben, ohne es zu bemerken.

Es ist ein weitverbreiteter Irrtum, jede Art von Gedanken für ein Hindernis zur Selbsterkenntnis zu halten. Nur die Gedanken der dritten Kategorie hindern uns daran, wissentlich das Absolute zu sein. Es gibt zwei Arten, mit diesen Gedanken umzugehen, wenn sie auftauchen:

Wenn wir uns noch für eine begrenzte persönliche Wesenheit halten und einen solchen Gedanken bemerken, dann sollten wir versuchen, seine Quelle, das Ego, ausfindig zu machen. Versuchen wir dann es zu ergreifen, wird es verschwinden, und für einen anscheinend sehr kurzen Moment erleben wir unsere angeborene Freiheit. Dieser Einblick in die Wahrheit offenbart uns, dass wir keine begrenzte persönliche Wesenheit sind. Wiederholte Einblicke werden diese Offenbarung verstärken, bis sie zu einer Überzeugung wird.

Sind wir erst einmal überzeugt, dass wir keine begrenzte Wesenheit sind, werden derartige Gedanken noch eine Zeitlang aus reiner Gewohnheit weiter erscheinen, so wie die Trägheit einen laufenden Elektromotor veranlasst, noch eine Weile weiter zu laufen, nachdem das Stromkabel schon aus dem Stecker gezogen wurde. Wir brauchen in diesem Fall nicht nach dem Ursprung solcher Gedanken zu forschen. Sobald wir sie bemerken, können wir sie einfach loslassen.

Sri Ramakrishna sagte einst: „Wenn du eine Zwiebel völlig schälst, sind alle Schichten entfernt worden – keine Substanz bleibt übrig. Genauso findest du, wenn du das Ego analysierst, keine Wesenheit." Leider muss ich noch ein paar Schichten loswerden!

Dieser letzte Satz ist ein typischer Gedanke der dritten Kategorie. Genießen Sie Ihre Gedanken über das Absolute und den Frieden, den sie mit sich bringen.

Sie haben angedeutet, dass Tagträume immer negativ sind, weil sie uns aus der Gegenwart heraus und in die Dualität bringen. Aber sie können auch kreativ sein – das beweist doch Kekules Erkenntnis über die Struktur des Benzolrings, die ihm beim Tagträumen kam.

Bei diesem Beispiel geht es nicht um Tagträume, sondern um einen meditativen Zustand, in dem der Denkprozess sich völlig frei entfalten und alle Möglichkeiten untersuchen kann. Diesen kreativen Zustand können wir im Übergang zwischen Schlaf- und Wachzustand erleben, einem kurzen Moment, wo unsere Willenskraft meistens geschwächt ist. Es gibt in Kunst und Wissenschaft viele Beispiele für solche kreativen Entdeckungen und inspirierte Momente. Während eines solchen Zustands ist die Vorstellung einer persönlichen Wesenheit nicht vorhanden. Wir sind Zeugen eines freien Denkprozesses, der sich anhand von Visualisationen und räumlichen Vorstellungen entfaltet. Diese Gedanken werden immer subtiler, bis sie sich schließlich in Intelligenz, Sein und Freude auflösen. Der Wissenschaftler oder Philosoph taucht aus dieser Nicht-Erfahrung auf und sagt: „Ich verstehe“; dem Künstler dient sie als Inspiration für ein Gedicht oder eine Symphonie, und der gewöhnliche Mensch findet die Lösung für ein alltägliches Problem, das ihn belastet hat.

Dieser meditative Zustand kann zunächst einem Traumzustand ähneln – die Objekte, die in seinem Verlauf im Bewusstsein erscheinen, sind von einer sehr feinstofflichen Qualität. Es sind mentale Bilder und Gedanken und nicht die äußeren Sinneswahrnehmungen, die wir im Wachzustand kennen. Das Nicht-Vorhandensein einer Person macht diesen Zustand meditativ. Sein Subjekt ist in diesem Zustand nicht als agierende, genießende und leidende Person anwesend, sondern ist der pure Beobachter. Dieser Zustand eröffnet uns eine natürliche Pforte zur Meditation. Er ist oft auch beim Erwachen als Übergangszustand präsent. Dann können wir seinen Duft in unser Wachbewusstsein einströmen lassen, anstatt den alltäglichen Angelegenheiten zu erlauben, allmählich unseren Geist zu erfüllen. Anders ausgedrückt: Wenn wir uns im Frieden und in der Freiheit des Tiefschlafs so lange erinnernd aufhalten, wie dieser Frieden uns annimmt, wird die Einsicht in uns wachsen, dass der Wachzustand im wahrsten Sinne des Wortes „in uns aufwacht“ und nicht wir in ihm, wie wir vorher angenommen hatten. Nach einer Weile werden wir diesen permanenten Hintergrund von Frieden auch während unserer täglichen Aktivitäten spüren.

Im Gegensatz dazu ist das Tagträumen eine Form der mentalen Betätigung, mit deren Hilfe die persönliche Wesenheit sich in eine subtile Fantasiewelt versetzt, um der alltäglichen „langweiligen“ oder „schmerzhaften“ Lebenssituation zu entrinnen. Diese Art zu denken bleibt meistens unbemerkt, denn im Gegensatz zu anderen egoistischen Gedanken- und Gefühlsformen wie Zorn, Hass, Eifersucht, Neid oder Gier scheint sie weder die soziale Harmonie zu stören noch zu persönlichem Leid zu führen. Schließlich wird in der westlichen Gesellschaft die Idee, eine Person zu sein, völlig anerkannt und unterstützt, und Tagträume werden für harmlos gehalten. Deshalb werden sie zu idealen Verstecken für das Ego, ein Problem, das jeder, der ernsthaft nach der Wahrheit sucht, beachten sollte.

Wenn mein Verstand während der Meditation still wird, bin ich mir immer noch der Sinneswahrnehmungen bewusst. Wie passt das zu der Geschichte über den Pfeilschmied, dessen Aufmerksamkeit so vollkommen war, dass er die Hochzeitsprozession des Königs, die draußen vorbeizog, nicht bemerkte? Ist meine Meditation falsch?

Es gibt zwei Arten von Meditation: die Meditation auf ein Objekt und die nicht-objektive (oder nicht-duale) Meditation.

Bei der ersten konzentrieren Sie Ihre Aufmerksamkeit auf ein bestimmtes grob- oder feinstoffliches Objekt, wie zum Beispiel eine Statue oder das mentale Bild einer Gottheit, auf verschiedene Körperwahrnehmungen, eine Serie heiliger Töne oder ein Konzept. Wenn dieser Prozess – der eine gewisse Anstrengung verlangt, um die Aufmerksamkeit von den üblichen Objekten des Verlangens abzuziehen – erfolgreich ist, haben wir den Eindruck, dass das Ego geschwächt ist. Wir sind mental auf das Objekt fokussiert und erfahren deshalb Stille – die Abwesenheit aller Gedanken und Emotionen, die nichts mit dem Meditationsobjekt zu tun haben – sogar der Präsenz des Königs, der mit seiner Hochzeitsprozession vorbeikommt. Doch dieses Samadhi ist ein Zustand, der mental erschaffen wurde und deshalb einen Anfang und ein Ende hat. Früher oder später muss der Yogi aus dem Samadhi auftauchen. Unglücklicherweise ist das Ego weiterhin vorhanden – mit seinem Trauerzug aus Ängsten, Begehrlichkeiten und Schmerz.

Eine spezielle Form der Meditation auf ein Objekt besteht darin, die Leere oder das Nichts zum Objekt zu machen. Hier bemüht man sich, den mentalen Bereich von Gedanken oder Empfindungen frei zu halten. Als Unterstützung dient manchmal die Wiederholung einer heiligen Formel oder irgendeine Form der Atemkontrolle. Genau wie bei jeder Meditationsform auf ein Objekt wird hierdurch das Ego zeitweilig geschwächt, und unser mentaler Anteil kann für eine Weile einen Leerezustand erleben – die Abwesenheit von Gedanken und Empfindungen oder schlichte Gedankenlosigkeit, je nach Art und Tiefe der Erfahrung. Doch auch dieses ist ein Zustand, der mental erschaffen wurde und deshalb Anfang und Ende hat. Oft wird diese Art der Meditation fälschlich als nicht-objektive Meditation angesehen. Das ist nicht der Fall, denn die Abwesenheit von Objekten (Empfindungen und Gedanken) ist immer noch ein sehr subtil projiziertes Objekt. Das mag zwar zeitweilig eine gewisse Befriedigung mit sich bringen und sogar gewisse mentale Kräfte freisetzen, doch letztendlich stellt sich dieser Zustand als unfruchtbar heraus: Der Meditierer bleibt im Gefängnis des Mentalen eingeschlossen, und die Fülle des Herzens bleibt ihm verschlossen. In diesem Zustand sind die absolute Freiheit, kreative Freudigkeit und wunderbare Unsterblichkeit, welche dem natürlichen nichtdualen Zustand zu Eigen sind, nicht zu finden.

In der nicht-objektiven Meditation wird unsere Aufmerksamkeit vom Nicht-Objektiven angezogen, vom höchsten Subjekt, dem Bewusstsein. Das geschieht spontan als Folge des Verstehens. Im ersten Stadium wird der Wahrheitssuchende aufgefordert, zu erkennen, dass das von ihm eigentlich angestrebte Glück, die nicht-ursächliche Glückseligkeit, welche er in der Gegenwart seines Meisters erlebt, nicht-objektiv ist, das heißt „in keinem Objekt enthalten, sei es nun grob- oder feinstofflich." Wird das verstanden, dann erkennt die mentale Funktion, welche nur mentale Ereignisse, also Gedanken und Sinneswahrnehmungen aufnehmen kann, dass ihr der nicht-objektive Bereich verschlossen ist – dass jeder Versuch, mental zum Glück zu gelangen, versagen muss. Daraufhin befindet sie sich bald in einem Zustand natürlicher Stille. In dieser natürlichen Form der Meditation werden Empfindungen und Gedanken weder speziell beachtet noch vermieden; sie werden einfach willkommen geheißen und verabschiedet. Das könnte als völlige Offenheit beschrieben werden, in der wir unseren Sinneswahrnehmungen, Körperempfindungen, Emotionen, Gefühlen und Gedanken gegenüber gänzlich offen sind.

Wir könnten diese mentalen Ereignisse mit den verschiedenen handelnden Personen in einem Theaterstück vergleichen. Solange uns das Spiel interessiert, wird unsere Aufmerksamkeit völlig von den Akteuren im Vordergrund gefangen genommen. Kommt dann aber ein schwacher Moment, beginnt unsere Aufmerksamkeit allmählich nachzulassen, bis wir schließlich den Hintergrund, die Bühne wahrnehmen. Genauso wird uns in dem Moment, wo unsere Aufmerksamkeit nachlässt und allumfassend, unfokussiert, offen und desinteressiert zu werden beginnt (das Desinteresse erfolgt aus unserer Einsicht, dass die mentalen Ereignisse uns in keiner Weise irgendein echtes Glück bescheren können), plötzlich der Hintergrund von Gewahrsein bewusst, der sich als die höchste Unsterblichkeit, Pracht und Glückseligkeit entpuppt, die wir gesucht haben.

Die Darsteller brauchen die Bühne nicht zu verlassen, damit wir den Hintergrund des Bühnenbildes erkennen können. Ebenso brauchen wir, um unser wahres Selbst zu erkennen, nicht erst unsere Denkzustände abzuschaffen. Wenn die Darsteller allerdings abgehen und unsere Aufmerksamkeit sich entspannt, haben wir die Möglichkeit, den Hintergrund bewusst wahrzunehmen. Und auf die gleiche Art eröffnet sich uns, wenn ein Denkzustand mit dem Bewusstsein verschmilzt, die Möglichkeit, unsere wahre Natur bewusst zu erleben.

Sie deuten an, dass jeder allmähliche Pfad vom Ego motiviert ist. Sollte ich damit aufhören, zweimal täglich zu meditieren?

An zwei Meditationen am Tag ist nichts auszusetzen. Im Gegenteil, ich empfehle Ihnen, zweimal täglich in Stille zu sitzen – idealerweise bevor Sie zu Bett gehen und gleich nach dem Aufwachen. Nun, die Frage ist, was bedeutet es, in Stille zu sitzen? Es bedeutet, ohne dualisierende Gedanken zu sitzen; im Sein zu sitzen; im Nicht-Tun, Nicht-Werden, Nicht Verfolgen-von-Zielen. Wenn die Vorstellung von einer Person erscheint – einer Person, welche versucht, irgendein Ziel zu erreichen, zum Beispiel der Premierminister oder ein erleuchteter Mensch zu werden – seien Sie sich dessen einfach bewusst, bemerken Sie es. Versuchen Sie nicht, es zu verdrängen, verurteilen Sie sich nicht selbst. Es ist einfach nur eine Gewohnheit, und sobald Sie sie in Ruhe lassen, verliert sie ihre vergiftende Wirkung. Sobald Sie sie bemerken, wird sie neutralisiert.

Wenn Ängste, Verlangen oder Langeweile erscheinen, seien Sie sich dessen bewusst. Versuchen Sie nicht, vor ihnen zu fliehen. Heißen Sie sie willkommen und geben Sie ihnen die Möglichkeit, sich in Ihrer liebevollen Gegenwärtigkeit zu entfalten. Beachten Sie, dass diese Gefühle gedankenartige und empfindungsartige Komponenten haben, die sich auf die Vorstellung beziehen, eine Person zu sein. Mit der gedankenartigen Komponente lässt sich leicht umgehen. Fragen Sie einfach: „Wer hat Angst? Wem fehlt etwas? Wer langweilt sich?" Den Körperempfindungen sollten Sie Zeit und Raum geben, sich zu entwickeln, zu entfalten, und ihre Geschichten zu erzählen. Versuchen Sie nicht, sie loszuwerden oder aufrechtzuerhalten. Heißen Sie sie einfach willkommen und verabschieden Sie sie. Auf diese Weise wird Ihre Aufmerksamkeit aus dem Reich des Objektiven zurückgezogen und spontan zu Ihrem wahren Wesen geleitet. Das ist die einzige Möglichkeit, diese Überleitung zu vollziehen, denn das Mentale kann sich nicht direkt auf das richten, was sich jenseits von ihm befindet. Jeder Versuch, das zu unternehmen, würde uns an den Subjekt-Objektbereich binden und wäre deshalb zum Scheitern verurteilt.

Es ist mir im Moment nicht möglich, die Wahrheit zu erkennen. Bedeutet das, dass ich nicht verwirklicht bin?

Es gibt nur die Wahrheit. Wie könnten wir sie nicht sehen – es gibt doch nichts außer ihr! Was immer wir in einem gegebenen Moment wissen, im zeitlosen Jetzt, ist die Wahrheit. Der Wissende, das Gewusste und das Wissen sind eins und diese Einheit ist die lebendige Wahrheit. Eine Sekunde später erscheint ein neuer Gedanke, der sagt: „Ich habe gerade dieses oder jenes gewusst“, und dieser Gedanke würdigt die nicht-duale Wahrheit auf den Rang eines „diesen“ oder „jenen“ herab, eines von einem begrenzten Subjekt – der persönlichen Wesenheit – gekannten Objekts. Dieser neue Gedanke ist ebenfalls die Wahrheit. Es gibt im Jetzt keinen Denker dieses Gedankens. Der Gedanke, sein Denker und das Denken sind wie immer eins. Wir haben das Jetzt nie verlassen. Wie könnten wir das auch?

Genauso bedeutungslos ist das Konzept einer „verwirklichten Person“ oder das Konzept einer „nicht-verwirklichten“ Person. Wenn Sie glaubten, dass Sie „nicht-verwirklicht“ sind, dann sagt das aus, dass Sie nicht wissen, was Verwirklichung bedeutet. Und wenn Sie nicht wissen, was Verwirklichung bedeutet, wie können Sie dann sagen, dass Sie nicht verwirklicht sind? Sie werden vielleicht entdecken, dass Sie schon immer verwirklicht waren und wie ein Mann mit zwei Ehefrauen – einer göttlichen, unsterblichen und einer menschlichen, vergänglichen – auf zwei Ebenen gleichzeitig leben: auf der relativen Ebene der Subjekt-Objekt-Beziehungen und auf der absoluten und zeitlosen Ebene des reinen, nicht-dualen Bewusstseins. Vergeuden Sie in der Zwischenzeit Ihre Zeit nicht mit dualisierenden Gedanken, wie zum Beispiel „verwirklicht“ oder „nicht-verwirklicht“. Lassen Sie diese irrigen Konzepte gehen, die auf der falschen Vorstellung beruhen, dass Sie eine persönliche Wesenheit sind. Erlauben Sie es ihnen nicht mehr, im Verstand aufzutauchen. Diese Haltung könnte man „im Einklang mit seinem tiefen Verständnis leben“ nennen.

Was bringt der „direkte Pfad“, den Sie beschreiben, mit sich?

Direkter Pfad – das bedeutet direktes Verständnis und die Kühnheit, aufgrund dieses Verständnisses zu handeln. Sie müssen nicht alles, was hier gesagt wird, verstehen. Beginnen Sie mit dem, was Sie tatsächlich verstehen und nicht mit dem, was Sie nur glauben. Beginnen Sie mit dem, was in Ihnen auf ein tiefes Einverständnis stößt, und leben Sie dementsprechend.

Kehrt mein Ego nicht im Tiefschlaf jede Nacht in den Mutterschoß zurück, wo es sich vor den Realtitäten des Lebens verstecken kann?

Wenn Sie auf diese Art über das Ego sprechen, sagen Sie damit aus, dass Sie Ihr Ego kennen, welches „jede Nacht in den Mutterschoß zurückkehrt.“ Sie sagen damit aus, dass Ihr Ego ein Objekt ist, dessen Zeuge Sie sind. Kennen Sie den Zeugen Ihres Ego? Finden Sie für sich heraus, ob dieser Zeuge je in den Schoß zurückkehrt, um zu schlafen, oder ob dieser Zeuge selbst der stets gegenwärtige und ewig bewusste Schoß aller Erscheinungen und eines jeden Verschwindens ist.

Die Stille, die wir gelegentlich zwischen zwei mentalen Ereignissen im Wachzustand erleben, ist völlig bewusst, während dem Tiefschlaf eine solche Bewusstheit zu fehlen scheint (jedenfalls aus der Sichtweise des Wachzustandes). Wie in aller Welt können die beiden Erlebnisse identisch sein?

Sie erkennen an, dass Sie über den Tiefschlaf aus der Perspektive des Wachzustandes sprechen. In anderen Worten, Sie beziehen sich nicht darauf, wie der Tiefschlaf subjektiv erlebt wird, sondern auf den Tiefschlaf als Zustand. Von Ihrem Gesichtspunkt aus gesehen ist Ihre Bemerkung wahr. Die subjektive Stille zwischen zwei mentalen Ereignissen, in der indischen Tradition „Turiya“ – die letztendliche Realität – genannt, ist wach und bewusst, während der Zustand des Tiefschlafs, welcher als völlig leer oder als Nichts angesehen wird, tot und unbewusst ist.

Doch auch die Stille zwischen den mentalen Ereignissen erscheint aus der Sichtweise des Mentalen als ein leerer Zustand oder ein objektives Nichts. Haben wir allerdings erst einmal einen Eindruck von der Bewusstheit und Lebendigkeit gewonnen, die in den Zeitspannen zwischen mentalen Ereignissen vorherrscht, dann sind wir offen für die Bewusstheit und Lebendigkeit des Tiefschlafs, der ebenfalls eine Zeitspanne zwischen zwei mentalen Ereignissen ist.

Das Ego ist in der Stille nicht gegenwärtig und hat auch kein Verlangen nach ihr. Es möchte seine Existenz durch die Dynamik des Mentalen aufrechterhalten. Wenn diese Dynamik still steht, wird in Abwesenheit des Ego die Wahrheit enthüllt. Die Nutzlosigkeit des Ego wird offensichtlich – als würde ein Manager während der zeitweiligen Abwesenheit eines inkompetenten, faulen und unangenehmen Angestellten feststellen, dass das Geschäft ohne ihn viel besser läuft. Aus diesem Grunde hat das Ego kein Verlangen nach dem Tiefschlaf, in dem es abwesend ist. Die Einladung geht vom Absoluten aus.

Eine spontane Reinigung wird vollzogen, wenn wir unsere Gedanken und Körperempfindungen im Durchgangsstadium zwischen Wachzustand und Tiefschlaf willkommen heißen. Unsere Sorgen verlassen eine nach der anderen die mentale Ebene, und die Spuren all der Kämpfe des ausgehenden Tages verlassen eine nach der anderen den Körper, bis schließlich die gesamte Körper-Mental-Struktur zu einer einzigen Lichtfülle wird, einer Fülle von Bewusstheit und zeitloser Gegenwärtigkeit.

Von diesem Vorgang könnten wir sagen, dass wir „bewusst in den Tiefschlaf eintreten." Das geschieht, indem wir diese einladende Meditation jeden Abend vor dem Einschlafen durchführen. In diesen Momenten lassen Sie alles, was nicht SIE ist, verschwinden, so dass Sie mit der Nacktheit, der Demut und der Unschuld eines neugeborenen Kindes in das Heiligtum der Nacht eintreten können.

Kapitel 3

Die Liebe stirbt nie

Wenn ein Mensch innehält und sich ehrlich fragt: „Wer bin ich?", dann muss er schnell zugeben, dass er es nicht weiß. Was ist unsere wahre Natur?

Ich bin mir nicht sicher, ob er so schnell zugeben sollte, dass er es nicht weiß. Nur eine gründliche Erforschung führt zu der Reife tiefen Erlebens. Wenn Sie versucht haben, zu verstehen, wer Sie sind und die Antwort lautet: „Ich weiß es nicht", dann würde ich sagen, „schön, schauen Sie weiter." Die Erforschung dessen, was wir sind, ist eine ernsthafte Unternehmung und muss statt einer verbalen Wiederholung: „Wer bin ich? Wer bin ich? Wer bin ich?" zur einzigen Frage Ihres Lebens werden. Sie muss unerwartet auftauchen, wenn eine Aufgabe beendet ist und wir uns in einem Moment der Offenheit befinden.

Diese Frage kann verschiedene Gestalten annehmen, wie zum Beispiel: „Was ist das Leben?", „Was ist das Glück?", „Was ist Wahrheit?" All diese Fragen sind gleichwertig. Sie laufen letztendlich alle auf dieselbe Frage hinaus, die Frage: „Wer bin ich?" Wenn eine dieser Fragen spontan erscheint, sollten wir antworten, indem wir ihr unser Herz öffnen und ihr all die Aufmerksamkeit und Liebe geben, derer wir fähig sind – und außerdem dadurch, dass wir sie in unser Leben einbeziehen. Dann bleibt die Suche in uns lebendig. Sie eröffnet uns einen Pfad des Verständnisses und klärt den Geist. Wir befinden uns in einem

Zustand der Offenheit für das Unbekannte, und in dieser Ruhe verbirgt sich die Gelegenheit, über alles hinaus zu dem Verständnis getragen zu werden, dass wir schon das sind, was wir suchen.

> ***Sie haben darauf hingewiesen, dass es nicht klug ist, mit der Frage „Wer bin ich?“ zu schnell umzugehen. Manche Menschen widmen ihr ganzes Leben dieser Frage oder einer bestimmten Facette von ihr. Ein Philosoph zum Beispiel könnte sein ganzes Leben der Antwort auf die Frage „Was ist das Leben?“ widmen, während der Physiker sich um das Verständnis der Frage „Was ist die Welt?“ bemüht. Ein Psychologe wiederum verbringt sein Leben vielleicht mit „Was ist ein Mensch?“ Bringen uns all diese Herangehensweisen zu unserem wahren Wesen, wenn sie bis zu ihrem natürlichen Ende verfolgt werden?***

Diese Forschungsmethoden bringen den Suchenden nirgendwohin. Bestenfalls bringen sie ihn zu der Einsicht, dass er einer Einbahnstraße gefolgt ist. Das allein ist schon ein Erfolg. Die echte Frage „Wer bin ich?“ erfordert große Reife. Ansonsten ist die Suche nicht authentisch, sondern wird von den Begierden und Missverständnissen des Ego korrumpiert. Wenn ich ein professioneller Autor wäre, der über sein wahres Wesen forscht, und wenn meine Forschung durch meinen Wunsch korrumpiert würde, meine Bücher zu verkaufen oder den Nobelpreis zu gewinnen, dann suchte ich nicht nach der Wahrheit, sondern nach Geld und Berühmtheit.

Reife tritt ein, wenn der Suchende in aller Ernsthaftigkeit, Wahrhaftigkeit und Echtheit bei einem absoluten „ich weiß nicht“ ankommt. Hat er diesen Zustand der Reife einmal erreicht, wird er einem Meister begegnen, der ihm auf dem Weg zur höchsten Antwort zur Seite steht. Er wird seinem Meister vielleicht schon früher begegnen, dieses Reifestadium jedoch wird eine Begegnung sozusagen zwingend herbeiführen. Die Gegenwart des Meisters befähigt den Suchenden, aus dem Teufelskreis auszubrechen, in dem er aufgrund der Unfähigkeit der mentalen Ebene, über sich selbst hinauszureichen, gefangen ist. In der lebendigen Anwesenheit des Meisters wird aufgrund einer unfassbaren Erfahrung, aufgrund eines Nicht-Ereignisses die Höhere Intelligenz geboren.

Ist die Begegnung mit einem Meister nötig, um die Wahrheit zu verstehen?

Ich nehme an, dass Sie mit der „Begegung mit einem Meister" die Begegnung mit einem lebenden Meister meinen.

Ja, auf der phänomenalen Ebene.

Im Prinzip nein, doch praktisch gesehen ja. Im Prinzip nein, weil der Meister keine Person ist: Der Meister ist die höchste Realität, keine körperliche oder mentale Gestalt. Praktisch gesehen ja, weil der Suchende sich nicht selber aus dem Teufelskreis des Ego befreien kann. Das Ego kann sich nicht selbst vernichten. Selbst ein Mensch, der die Wahrheit vorausahnt und der in dem Moment, wo die Unzufriedenheit mit den üblichen Objekten der Begierde eintritt, zu einem ernsthaft Suchenden wird, wird den lebenden Kontakt mit jemandem, den wir die Personifikation der Wahrheit nennen können, noch benötigen.

Im Laufe dieses Kontaktes bringt der Meister den Suchenden zu einem Zustand des Nichtwissens, in dem der Verstand die Suche aufgibt. Nur in dieser vollkommenen Offenheit kann die wahre Lehre beginnen, und der Beginn der wahren Lehre ist in der Stille des Herzens zugleich ihr Ende.

Wie können wir in Harmonie mit anderen leben?

Eine Person kann nie in Harmonie mit anderen Personen leben. Sie kann nur in Harmonie mit anderen leben, wenn es keine anderen gibt.

Warum erscheint die Liebe zwischen menschlichen Wesen so zerbrechlich?

Wenn sich ein Mann und eine Frau begegnen (diese Art der Liebe scheint zerbrechlicher zu sein als die Liebe zwischen Eltern und Kindern), besteht zwischen ihnen eine Polarität. Es gibt aufgrund der männlichen und weiblichen Anteile in ihnen eine sexuelle Polarität, und außerdem eine allgemeinere Geschlechtspolarität, die zwischen Männern und Frauen existiert. Diese Polarität führt zu einer Anziehung, die eine biologische Mission zu erfüllen hat: den Fortbestand der Menschheit. Dieser Instinkt ist völlig in Ordnung. Er hat seine eigene Schönheit und bringt viel Vergnügen mit sich. Doch wahre Liebe müssen wir jenseits davon suchen. Wenn die Begegnung nicht in wahrer Liebe stattfindet, wird die Anziehung allmählich verschwinden – wie eine Batterie, die sich entleert, wenn wir ihre beiden Pole miteinander verbinden. Die widersprüchlichen Begierden und Ängste der beiden Partner, die bislang in den Wolken ihrer gegenseitigen Anziehung verborgen waren, treten wieder hervor, und die Beziehung erreicht ihr Ende.

In diesem Fall war von Anfang an keine wirkliche Beziehung vorhanden. Die Liebe war zerbrechlich, weil die Beziehung nicht auf wahrer Liebe gründete. Doch wenn eine tiefere Begegnung der Herzen, oder richtiger eine Begegnung im Herzen stattfindet, dann ist diese Liebe jenseits von Zeit und Raum. Sie kann nie verschwinden. Der Ausspruch „wahre Liebe ist stärker als der Tod“ entspringt dieser Intuition. Wahre Liebe bleibt für immer bei uns. Sie ist nicht im Gedächtnis gespeichert. Sie ist eine Art Erinnerung, die dem Kern unseres Seins entspringt. Wenn wir uns eines geliebten Menschen erinnern, sehen wir zuerst vielleicht sein Gesicht vor uns, wir hören seine Stimme – doch diese objektiven Elemente lösen sich bald in der wahren Liebe auf, unserem gemeinsamen Boden, dem Gewahrsein.

Ist sexuelles Vergnügen jemals moralisch falsch?

Sexuelles Vergnügen ist *per se* weder moralisch falsch noch moralisch richtig. Alles hängt allein von der Reinheit des Herzens ab. Ein reines Herz ist ein liebendes Herz, und Liebe macht alles heilig. Wahre Liebe ist keine Beziehung zwischen männlich und weiblich, nicht einmal eine Gemeinschaft zwischen Mann und Frau. Sie reicht viel tiefer. Sie ist die Freundlichkeit, in der zwei anscheinend getrennte menschliche Wesen miteinander verschmelzen. Wenn eine Beziehung in wahrer Liebe gründet, ist die Sexualität eine Dankesgabe, eine Feier des Lebens. Sie wird heilig. In der Abwesenheit wahrer Liebe ist sie nichts als eine körperliche Funktion.

Unabhängig davon, ob es gut funktioniert oder nicht – hat denn sexuelles Verhalten gar nichts mit Moral zu tun?

Aus dieser Perspektive gibt es so etwas wie eine festgelegte Moralität nicht. Wenn zum Beispiel zwischen zwei Männern oder zwei Frauen Liebe entsteht und wenn diese Liebe sich sexuell ausdrückt, dann ist diese Sexualität heilig. Liebe schließt nichts aus. Liebe ist allempfangend, allumfassend und offen für jeden, der für sie offen ist.

Ist es möglich, eine Beziehung zu haben, in der das Ego keine Rolle spielt?

Ja, natürlich. Ich würde sogar sagen, dass das die einzige Art ist, eine echte Beziehung zu haben, denn Beziehung bedeutet sich-beziehen, Kontakt. Wenn ich mich selbst für eine Person halte, dann gibt es auch einen anderen, und es entsteht eine Beziehung zwischen einem Objekt und einem anderen Objekt – das heißt, überhaupt keine Beziehung, da zwei Objekte sich nie begegnen können.

Warum ist das so?

Wahrer Kontakt findet im Herzen statt. Objekte haben als solche keine Herzen. Wahre Beziehung ist im Herzen, im Einssein. Es gibt Situationen, wo man diese Schönheit fühlen kann. Ich habe einmal am Flughafen auf einen Freund gewartet. Er saß im hinteren Teil des Flugzeugs und ich hatte die Gelegenheit, all die anderen Passagiere und ihre Familien zu sehen, die am Ausgang auf sie warteten. Ich erinnere mich genau an die Freude, die entstand, als eine Familie wieder vereint wurde, an ihre Tränen, ihre spontanen und liebevollen Gesten, das Lächeln auf ihren Gesichtern. Also ja, natürlich gibt es wahre Beziehungen.

Wollen Sie damit sagen, dass sie in dem Moment keine Menschen waren? Dass sie keine Personen waren?

Absolut. Ich konnte ihre Freude in mir spüren. Sie bemerkten mich nicht, aber ich war eins mit ihnen, mit der Schönheit der Szene.

Was ist Sünde?

Sünde ist Unsinn. Es gibt keine Sünde, weil es gar keinen Sünder gibt. Die einzige Sünde ist es, sich selbst für einen Sünder zu halten. Ich gebe zu, es gibt so etwas wie ein unpassendes Verhalten, eine Handlung, die auf einer unvollständigen Sichtweise der Situation beruht. Solch eine Handlung hängt einem nach, bis man die Situation irgendwann in ihrer Gesamtheit sieht und der dahinter liegende Konflikt sich in der Intelligenz auflöst. Doch es ist nicht nötig, sich absichtlich an diese „Sünden" zu erinnern. Solch eine Erinnerung verstärkt nur das Ego. Es macht keinen Sinn, sich selbst als Sünder zu verdammen oder zu versuchen, sich zu ändern. Schuldgefühle und das Verlangen, sich zu ändern, führen auch zu einer Stärkung des Ego. Es ist genug, diese so genannten Sünden als das anzusehen, was sie sind, sich nicht für den Täter zu halten und sie zu vergessen.

In christlichen Kulturen wie der unseren ist die Sünde eine „große Sache", und das Gefühl, wenn nicht sogar die Angst ist weit verbreitet, dass die Einstellung, unsere Fehler einfach zu vergessen und weiterzugehen, zu weiteren Missetaten führen kann, die wir hätten vermeiden können, wenn wir uns angeschaut hätten, was wir tun. Wenn wir unsere Fehler nicht untersuchen, könnte das zu der Tendenz führen, sie auch weiterhin zu begehen.

Ich gebe Ihnen nicht den Ratschlag, Ihr Fehlverhalten zu ignorieren oder nicht zu versuchen, es zu verstehen. Im Gegenteil, ich sage: Ja, verstehen Sie es, aber schreiben Sie sich die Handlung nicht selber zu. Halten Sie sich nicht für einen Sünder.

Verstehen Sie, dass Sie der Zeuge der Tat waren, nicht ihr Täter, und vergessen Sie sie dann.

Meinen Sie damit, dass alle Fehler auf das Ego zurückgeführt werden können und dass das Ego der Kardinalfehler ist, ein Fall von falscher Identität?

Das gilt auf jeden Fall für alle ethischen Fehler. Wenn ich lerne, ein Auto zu fahren, werde ich auch Fehler machen, und diese Fehler sind okay. Sie sind ein Teil des Lernprozesses. Sie werden mich in Zukunft nicht verfolgen. Wenn ich mich aber einem anderen Menschen gegenüber schlecht verhalte, wird meine Missetat mich verfolgen und ich werde zu dem Verständnis gelangen, dass ich die Missetat wieder gut machen muss. In diesem Fall sollte ich sofort alles tun, um die Situation, wenn möglich, zu bereinigen und sie dann vergessen. Aber es gibt keinen Sünder und nichts, was vergeben werden müsste.

Wie können die Menschen lernen, ohne Angst zu leben?

Sie sollten lernen, mit ihrer Angst zu leben. Wenn sie versuchen, die Angst loszuwerden, geraten sie in einen Teufelskreis, weil die Angst aus dem Ego kommt, aus der Vorstellung, eine getrennte Wesenheit zu sein. Und dieses selbe Ego ist auf der Suche nach angenehmen Situationen und versucht, die unangenehmen zu vermeiden, was dazu führt, dass es die Angst loswerden will.

Bitte erklären Sie, wieso die Angst aus der getrennten Entität, dem Ego entspringt. Die meisten machen die Erfahrung, dass die Angst von bedrohlichen Situationen, wie zum Beispiel von drohender körperlicher Gefahr ausgeht und dass sie dem Ego zugefügt wird, nicht ihm entstammt.

Es gibt zwei Arten der Angst. Die eine entspringt aus dem Überlebensinstinkt, der Menschen und Tieren gemeinsam ist. Diese Angst ist ganz natürlich, es ist völlig in Ordnung, dass der Körper sich darauf vorbereitet, eine bedrohliche Situation zu meistern.

Die Idee, ohne Angst zu leben, schließt also nicht aus, die Angst zu erleben, die entsteht, wenn das biologische Überleben gefährdet ist?

Nein, sie beruht auf einer sehr tiefen Konditionierung des Körpers.

Und sie verursacht keine Probleme...

Sie verursacht keine Probleme, wenn keine Identifikation mit dem Körper besteht. Dann können wir sie wie eine Wolke betrachten, die erscheint und sich wieder im Himmel auflöst. Sie kann sogar nützlich sein.

Sie meinen also, wenn jemand sich selbst nicht für eine Person hält, wird die Angst erscheinen und einfach als ein Objekt angesehen werden, das im Körper erscheint, und die Person wird sich auf die angemessenste Art verhalten?

Ja. Wenn Sie angegriffen werden, wird diese Angst in Ihrem Körper die richtige Menge Adrenalin freisetzen um es Ihnen zu ermöglichen, schneller zu laufen als Ihr Angreifer.

Genau!

Psychologische Angst ist allerdings etwas anderes. Vielleicht erinnern Sie sich an Situationen aus Ihrer Kindheit, wo Sie sich Monster vorgestellt haben, die ab einem bestimmten Punkt ein Eigenleben führten und in Ihnen – obwohl Sie sie selber erschaffen hatten – echte Angst erzeugten. Diese psychologischen Schöpfungen lösen denselben biologischen Angstmechanismus inklusive Adrenalinausschüttung aus, doch ihr Ursprung ist ein völlig anderer. Sie werden durch einen Gedanken erschaffen, der dem Menschen selber entstammt.

In diesem Fall ist also das Ego gefährdet; sein Überleben ist in Frage gestellt.

Ja, psychologische Angst entstammt dem Ego. Wenn ich denke und fühle, dass ich eine persönliche Wesenheit bin, dann stellt alles, was nicht „ich" ist, eine potenzielle Gefahr für mich dar. Bin ich dagegen alles, und gibt es nichts anderes als „ich" – was gibt es dann zu fürchten? Der wahre Ursprung psychologischer Angst liegt im Ego. Die Frage hieß: „Wie können die Menschen lernen, ohne Angst zu leben?" Wir müssen zunächst verstehen, wie nutzlos der Versuch ist, irgendeine bestimmte Angst loszuwerden. Nehmen wir einmal an, ich hätte Angst vor Geistern und wäre deshalb eingeschüchtert und depressiv. Ich unterziehe mich einer zehnjährigen Psychoanalyse, bis mir die Einsicht kommt, dass meine Angst vor Geistern in irgendeinem Ereignis meiner frühesten Kindheit begründet liegt. Damit ist die Analyse beendet. Meine Angst vor Geistern wird als geheilt erklärt, und so ist es auch. Drei Monate später falle ich wieder in eine ernsthafte Depression. Dieses Mal habe ich keine Angst mehr vor Geistern; ich fürchte mich davor, krank zu werden und zu sterben.

Wollen Sie damit sagen, dass die Angst vor den Geistern nie die wahre Angst war? Dass dahinter die Angst vor dem Sterben lag?

Ich will damit andeuten, dass die Geister eine tiefere Angst überlagerten. Wenn diese Überlagerung durch Interventionen auf der mentalen Ebene aufgelöst wird, bleibt ihr Ursprung weiterhin bestehen und eine weitere Überlagerung wird sich früher oder später bemerkbar machen.

Sie meinen, dass es nicht möglich ist, eine Person und zugleich ohne Angst zu sein?

Genau.

Weil es immer die Angst vor dem Tod geben wird....

Weil Angst die Person, und die Person Angst ist. Angst und Verlangen sind dasselbe. Angst ist die negative Form des Verlangens. Angst sagt „Ich will nicht, dass dies passiert" – was genau dasselbe ist wie „Ich hoffe, dass dies nicht passieren wird." Verlangen oder Angst sind die Substanz des Ego. Das Ego als solches, als der reine „ich bin"- Gedanke hat keine lange Lebensdauer. Dieser Gedanke „ich bin" stirbt schon bald in der Nicht-Erfahrung des Seins, in seinem Ursprung, dem Gewahrsein. Der Angst- und Verlangensmechanismus hat dem Ego eine scheinbare Kontinuität verleihen können. Solange ich das schreckliche Ereignis noch nicht abgewendet oder das erwünschte Objekt noch nicht bekommen habe, ist das Ego am Leben. Die einzige Radikalkur gegen die Angst ist zugleich eine Radikalkur gegen das Verlangen – sie besteht in dem Verständnis, dass wir dieses angstvolle und begierige Ego nicht sind.

Wir erlangen dieses Verständnis durch eine tiefe Erforschung. Es ist zwar auch wichtig, dies alles auf der begrifflichen Ebene zu verstehen, doch unser Verständnis muss viel tiefer reichen. Die Angst und das Verlangen hinterlassen tiefe Spuren in dem Gefüge und der Struktur des Körpers. Wenn wir Angst empfinden, müssen wir uns auf sie einlassen, um sie in der Tiefe zu verstehen. Wir müssen ihren Ursprung sehen: die Vorstellung, eine persönliche Wesenheit zu sein. Doch wir müssen sie auch als körperliche Empfindung, als Wahrnehmung willkommen heißen. Wir sollten uns vor unserer Angst nicht fürchten. Wir sollten sie in uns erscheinen lassen und sie als das sehen, was sie ist – eine Kombination von körperlichen Empfindungen.

Seitdem ich dieser Sichtweise begegnet bin, kommt es mir vor, als ob jede Vorstellung, die ich von mir selbst und der Welt gehegt habe, falsch ist, und ich habe keine Ahnung, an welcher Stelle ich damit beginnen soll, die Dinge in Ordnung zu bringen. Können Sie mir einen Anfangspunkt vorschlagen?

Die Begegnung mit dieser Sichtweise war der Anfangspunkt. Dass Sie alle vorherigen Vorstellungen infrage stellen und bei dem Gefühl „Ich weiß nicht“ ankommen, ist ein sehr gutes Zeichen. Diese Sichtweise wird die falschen Vorstellungen nicht durch neue ersetzen. Sie befähigt Sie einfach, Ihre bisherigen Konzepte als die Illusionen zu erkennen, die sie waren, als bloße Gedankenformen, die nicht wirklich in Verbindung miteinander stehen. Das reicht. Leben Sie also in Ihrer Unschuld, leben Sie mit Ihrem „Ich weiß nicht.“ Behaupten Sie nichts. Ziehen Sie keine endgültigen Schlüsse. Urteilen Sie nicht. Seien Sie offen, lernen und verstehen Sie. Erkennen und genießen Sie das, was Sie von Augenblick zu Augenblick sind.

Wie kann ich von dem Punkt aus zu einer Art Klärung kommen? Wie kann ich von Augenblick zu Augenblick leben, einfach nur offen sein und mich daran erfreuen? Können Sie mir einen praktischen Vorschlag machen?

Ich würde sagen „Leben Sie mit dem Verlangen nach der Wahrheit. Lassen Sie sich von ihm leiten." Das Verlangen nach der Wahrheit hat seinen Ursprung in der Wahrheit selbst. Es führt zu einer höheren Intelligenz, die schließlich alle Fragen klären wird. Genießen Sie den Weg, denn schon das Verstehen an sich enthält eine freudvolle Komponente. Halten Sie sich jetzt, da Sie sich – zumindest für einen Moment – als das Bewusstsein jenseits aller mentalen Ereignisse erkannt haben, nicht länger für eine begrenzte Wesenheit. Erhalten Sie sich diese Erkenntnis wie einen Schatz. Kehren Sie zu ihr zurück, wenn sie Sie einlädt. Leben Sie mit ihr und überlassen Sie es ihr, die Arbeit zu tun.

Wie würden Sie die Weltsicht der westlichen Wissenschaft mit der Sicht des Nicht-Dualismus vergleichen? Gibt es zwischen den beiden grundlegende Übereinstimmungen oder unterscheiden sie sich radikal voneinander?

Sie unterscheiden sich radikal. Diese beiden Sichtweisen schließen sich gegenseitig aus. In der Sicht der westlichen Wissenschaft, der Physik, gibt es „dort draußen" eine objektive Welt, die unabhängig vom Bewusstsein existiert. Diese angebliche Welt (würde der Nicht-Dualist sagen) ist Gegenstand der Wissenschaft. Der Wissenschaftler beginnt mit dem Erforschen einer Welt, für deren Existenz er keine Beweise hat, während der Nicht-Dualist einen radikal anderen Weg einschlägt und von der einzigen Gewissheit ausgeht, die wir besitzen können – jener des Seins. Diese Gewissheit kann nie bezweifelt werden. Sie ist unser

Erleben von Moment zu Moment. Aus diesem Grund ist der Nicht-Dualist im Gegensatz zum Wissenschaftler fest in der Gewissheit und der Wirklichkeit verankert.

Ich übersehe dabei keineswegs die Veränderungen, welche in der modernen Physik durch die Relativitätstheorie und die Quantenmechanik entstanden sind. Diese Veränderungen bringen es mit sich, dass wir die Gültigkeit der materialistischen Sichtweise in Frage stellen, die ein unabhängiges Universum postuliert, welches aus soliden Teilchen besteht. Auf der extragalaktischen und der subatomischen Ebene ist das Universum nicht länger dasselbe, was es auf der menschlichen Ebene zu sein schien. Vorstellungen, die wir für die absolute Wahrheit gehalten haben, wie zum Beispiel der absolute Raum, die absolute Zeit, Kausalität, Ort und Determinismus haben plötzlich nur noch eine relative Gültigkeit. Das alte erkenntnistheoretische Rahmenwerk, der atomistische Materialismus und strenge Realismus scheint mit der modernen Physik eines Pr. d'Espagnat unvereinbar zu sein. Die nicht-dualistische Sichtweise könnte der modernen Wissenschaft vielleicht als befriedigendere erkenntnistheoretische Grundlage dienen. Allerdings werden zukünftige wissenschaftliche Entdeckungen nie in der Lage sein, ihre Gültigkeit zu beweisen oder zu widerlegen. Die direkte Erfahrung des Gewahrseins wird für immer außerhalb des wissenschaftlichen Feldes – einer Domäne, welche zwangsläufig durch objektive Fakten und relative Wahrheiten begrenzt ist – stattfinden. Der Nicht-Dualismus kann nur wenig zur Wissenschaft beisteuern. Bestenfalls können Intuitionen, die einer nicht-fragmentierten Weltsicht entspringen, zu neuen Formulierungen und Entdeckungen im wissenschaftlichen Feld führen.

Die wissenschaftlichen Erkenntnisse des zwanzigsten Jahrhunderts können auch eine befreiende Wirkung haben. Indem sie infrage stellen, ob die Welt unabhängig vom Bewusstsein existiert, bahnen sie dem höchsten Verständnis einen Weg. Dem Wahrheitssucher eröffnen sie die Möglichkeit, dass die Welt eine Erscheinung sein könnte, die im universellen Bewusstsein erscheint, existiert und wieder verschwindet. Dann sind die Suchenden nicht länger Physiker. Sie werden zu Philosophen,

Metaphysikern und Poeten. Wenn sie dadurch, dass sie das Noumenon, das Bewusstsein in ihren geistigen Horizont einbeziehen, über die phänomenale Ordnung hinausgehen, überschreiten sie den philosophischen Rubikon.

Der Unterschied zwischen diesen beiden Sichtweisen liegt also in ihren verschiedenen Ausgangspunkten. Für den Nicht-Dualisten liegt der Ausgangspunkt in der Gewissheit des „Ich bin", während die Gewissheit des Wissenschaftlers über die Existenz der äußeren Welt auf der gemeinsamen Erfahrung des größten Teils der Menschheit beruht. Sie entspringt einer kollektiven, und nicht, wie die Perspektive des Nicht-Dualisten, einer individuellen Sicht. Könnte das stimmen?

Ja. Wenn Sie der so genannten objektiven Welt eine Existenz unabhängig vom Gewahrsein zugestehen, dann gestehen Sie der gesamten Menschheit eine Existenz zu. Aus der Perspektive des Nicht-Dualisten geht es um das unbezweifelbare Subjekt – aus der Perspektive des Wissenschaftlers um das vorgebliche Objekt.

Wollen Sie damit sagen, dass der Nicht-Dualist sich selbst für das einzige Subjekt hält und die Existenz der gesamten Menschheit wie auch der restlichen objektiven Welt in Frage stellt?

Das hängt davon ab, was Sie mit „sich selbst" meinen. Was der Nicht-Dualist mit „ich selbst" oder „ich" bezeichnet, beschränkt sich nicht auf einen bestimmten Körper oder einen bestimmten Verstand. Körper und Verstand sind Begrenzungen, die das Bewusstsein überlagern. Der Nicht-Dualist setzt bei der Erfahrung an. Der Wissenschaftler behauptet zwar, dass er bei der Erfahrung ansetzt, doch in Wirklichkeit beginnt er mit einem Konzept: der Existenz einer vorgeblichen Welt. Diese vorgebliche Welt studiert er daraufhin gründlich.

Könnten Sie erklären, was Sie mit dem Wort „Erfahrung" meinen, wenn Sie sagen, dass der Nicht-Dualist bei der Erfahrung ansetzt, der

Wissenschaftler dagegen bei einem Konzept? Ist die normale Erfahrung eines Durchschnittsmenschen nichts anderes als ein Konzept?

Die Essenz unseres Seins ist kein Konzept.

Für jeden von uns?

Natürlich. Sie ist das Leben selbst. Sie ist jenseits aller Konzepte. Konzepte sind Überlagerungen, wie: Ich bin ein Mann, ich bin vierzig Jahre alt, ich bin ein Arzt. All diese Unterscheidungsmerkmale überlagern unser wahres Wesen, den darunterliegenden Grund, welcher keinen Zeugen benötigt, um sich zu offenbaren und der frei von Einschränkungen, grenzenlos, selbstverständlich und autonom ist.

Ich komme von Ihrer Aussage nicht los, dass der Nicht-Dualist – obwohl jeder von uns das Leben selbst ist – dem Rest der Menschheit in der objektiven Welt keine Existenz zuerkennt, so, wie der Wissenschaftler es tut. Er stellt alles in Frage, eingeschlossen den Rest der Menschheit. Ist das nicht widersprüchlich?

Wenn wir sagen, dass der Nicht-Dualist die Menschheit als nichtreal ansieht, dann meinen wir damit, dass er sie nicht wie ein Objekt, getrennt vom Gewahrsein oder von sich selbst betrachtet. Stattdessen sieht er die Menschheit als eins mit sich selbst. Diese Vision der Einheit und Nicht-Getrenntheit bringt echtes Mitgefühl, ethisches Verhalten und Gerechtigkeit mit sich. Wir sollten den Heiligen nicht für einen verrückten Solipsisten halten, der sich in seinen Elfenbeinturm zurückzieht, dem Rest der Menschheit die Existenz aberkennt und nur sich selbst als Person für existent hält. Im Gegenteil, der Wahrheitsliebende stellt als Erstes seine eigene Existenz als Person, als separate Wesenheit in Frage, indem er fragt: „Wer bin ich? Bin ich dieser Körper? Bin ich dieser Verstand? Bin ich diese begrenzte Wesenheit?" Er hat kein Interesse an Theorien, nur an der Realität. Er beginnt mit dem einzigen Erfahrungsfeld, das ihm zur Verfügung steht – mit sich selbst.

Die Antwort auf diese Frage kann nie die Form einer positiven Aussage annehmen. Sie besteht in dem Verständnis dessen, was wir nicht sind. Wenn alles, was wir nicht sind, ausgeschlossen wurde – nicht durch Anstrengung oder mit Gewalt, sondern aufgrund unseres Verstehens – dann bleibt unser wahres Wesen übrig. Das ist eine Erfahrung – aber keine Erfahrung, welche in Raum und Zeit stattfindet. Deshalb können wir sie auch eine Nicht-Erfahrung, ein Nicht-Ereignis nennen. In dieser Nicht-Erfahrung sind wir mit der ganzen Menschheit eins. Sie ist eine nicht-ausschließende, alles-umfassende Perspektive.

Der Nicht-Dualist weigert sich also, den Rest der Menschheit als eine Gruppe separater Wesenheiten anzusehen, die ihm zustimmen oder widersprechen könnten. Er lässt lieber die Möglickeit offen, dass die gesamte Menschheit mit ihm übereinstimmt...

Der Nicht-Dualist interessiert sich nicht für Konzepte. Er interessiert sich nur für sein wahres Wesen. Wenn er seine falschen Auffassungen durchschaut hat, bleibt nur noch ein Nicht-Zustand zurück, ein Nicht-Ereignis ohne Angst und Verlangen, das von Gewissheit und Frieden durchdrungen ist. Weil die Wirklichkeit sein Ausgangspunkt ist, erreicht er bald sein Ziel, die Wirklichkeit. Die Wirklichkeit erreicht die Wirklichkeit. Die Einheit erreicht die Einheit. Der Wissenschaftler dagegen beginnt mit einer reinen Hypothese, einer falschen Auffassung und sein Ziel ist genauso unstabil und unsicher wie sein Ausgangspunkt. Er kann nie ein wirklich befriedigendes Verständnis erreichen. Er wird immer unzufrieden sein und in einem endlosen Prozess von einem Objekt zum anderen wandern.

Die nicht duale Perspektive ist gewiss radikal und beeindruckend. Wie kann ich wissen, dass es sich hierbei nicht um eine weitere verfeinerte Form der Konditionierung handelt, die auf den ersten Blick vielleicht radikal anders erscheint, aber allen anderen Formen letztendlich gleicht?

Sie können eine ganz und gar zufriedenstellende Antwort auf Ihre Frage bekommen, denn die Antwort ist in Ihnen selbst zu finden, oder richtiger, die Antwort sind Sie. Jeder andere Ansatz verlangt zu Beginn einen gewissen Grad an Glauben. Der Glaube gehört zur Erinnerung, zum Mentalen, zur Vergangenheit. Er kann nie als solides Fundament dienen, da er ein Konzept darstellt, welches Sie für selbstverständlich nehmen, ohne es zu verstehen. Innerhalb der nicht-dualistischen Sichtweise nehmen wir nichts für selbstverständlich, absolut nichts. Man könnte sagen, dass dies der höchste wissenschaftliche Ausgangspunkt ist – mit dem Unterschied, dass der Gegenstand unserer Forschung, wie wir gesehen haben, in diesem Fall kein Objekt ist, da wir nicht einmal die Existenz von Objekten voraussetzen. Wir stellen keine Vermutungen an und erreichen dadurch ein Verständnis, welches frei von der Vergangenheit und von Konditionierungen ist. Wenn sie ihre Untersuchungen abgeschlossen hat, wird die mentale Funktion still; und in dieser Stille findet unser Verlangen nach der Wahrheit seine letztendliche Erfüllung.

Diese Erfüllung entspricht der Befriedigung, die wir empfinden, wenn nach langem Nachdenken über ein Problem plötzlich und unerwartet die Lösung zu uns kommt. Sie entspringt unserem wahren Wesen, der Intelligenz selbst. Man könnte sagen, dass die Lösung sich in uns findet. Diesen Prozess nennen wir Verstehen. Doch in dem eben beschriebenen Fall erreichen wir nur eine begrenzte Befriedigung, da sich unser Verständnis auf Objekte bezieht. Schon bald setzt die Unzufriedenheit wieder ein. Wenn dieses Verständnis jedoch nicht dazu dient, eine relative Frage zu einem Abschluss zu bringen, sondern sich auf die letztendliche Frage, die Quelle aller Fragen, den ewigen Forschungsgegenstand bezieht, dann ist die Erfüllung vollkommen.

Kapitel 4

Unser wahres Wesen ist kein Objekt

Was ist unser wahres Wesen?

Es ist kein Objekt. Es ist nichts, was unsere fünf Sinne wahrnehmen oder unsere mentalen Anteile sich vorstellen können. Unser falsches Wesen ist immer irgendeine Art von Objekt. Der Körper zum Beispiel ist ein Objekt. Er besteht aus einer Ansammlung von Wahrnehmungen, Empfindungen und von Konzepten darüber, was unser Körper ist. Der mentale Bereich ist auch ein Objekt. Unser wahres Wesen dagegen ist kein Objekt.

Es ist sehr schwierig, darüber zu sprechen, weil Worte und Sprachstruktur dazu dienen, Objekte zu beschreiben. Uns fehlen die Worte, um über etwas Nicht-Objektives zu sprechen – wir sind dabei auf Metaphern oder Negationen angewiesen. Dann sagen wir, dass wir nicht unser Körper und nicht unser mentaler Anteil sind. Doch trotz alledem SIND WIR. Unsere Existenz ist etwas, dessen wir uns absolut sicher sind. Alles andere könnte eine Täuschung sein, eine Illusion, ein Traum. Und selbst wenn das der Fall wäre, hätten wir keine Zweifel darüber, dass WIR SIND.

Unser wahres Wesen entzieht sich uns. Wir können es nicht sehen, berühren, begreifen oder uns vorstellen. Auf der anderen Seite gibt es außer ihm in der gesamten Existenz nichts, dessen wir uns sicher sein können. Wenn wir auf diese Art über es nachdenken und feststellen, was es nicht ist, richtet uns das ohne unser

Wissen auf unseren zeitlosen Hintergrund aus. Wir stehen ihm zur Verfügung. Das ist alles, was wir tun können – für ihn offen sein. Wir können ihn nicht dazu bewegen, sich uns zu offenbaren. Er offenbart sich uns zu seinem eigenen Vergnügen als Wahrheit, Schönheit, Liebe und Unsterblichkeit.

Sie meinen, dass er sich in manchen – zum Beispiel unschönen – Situationen nicht offenbart? Warum offenbart er sich nicht die ganze Zeit?

Vielleicht offenbart er sich die ganze Zeit, und wir schauen bloß nicht hin. Der beste Platz, um ein Objekt zu verstecken, ist oft, es direkt vor die Augen zu stellen. Unser wahres Selbst ist so nah und so leuchtend, dass es mit den Augen nicht gesehen werden kann, und es versteckt sich in der Unmittelbarkeit des Jetzt.

Wir würden es gerne jederzeit als ein Objekt vor uns sehen, doch das ist nicht möglich, weil Objekte kommen und gehen, weil sie geboren werden und sterben. Seine Schönheit liegt darin, dass es kein Objekt ist. Wäre es eins, so könnten und würden wir es verlieren. Da es jedoch das ist, was wir sind, können wir es nicht verlieren. Was uns davon abhält, es zu sehen und es bewusst selbst zu sein, ist unser Verlangen, es als ein Objekt wahrzunehmen. Diese Haltung könnten wir mit „in die falsche Richtung schauen" bezeichnen. Die Frage ist also, was ist die richtige Richtung? Selbst wenn wir versuchen, in die nicht-objektive Richtung zu schauen, müssen wir uns der Tatsache stellen, dass die Abwesenheit eines Objektes auch eine Art von Objekt ist. Wir müssen uns also über die Abwesenheit von Objekten hinaus begeben. Wir müssen die Abwesenheit ihrer Abwesenheit erreichen, welche sich uns als allesdurchdringende, allesumfassende Gegenwärtigkeit enthüllt.

Zunächst versuchen wir, unser wahres Wesen so zu betrachten, als wäre es ein Objekt. Dann verstehen wir, dass dieser Versuch zum Scheitern verurteilt ist. Als Nächstes betrachten wir es als die Abwesenheit von Objekten und begreifen irgendwann, dass auch diese Suche scheitern muss. Schließlich befinden wir uns in einem Zustand des Nichtwissens, einem Zustand, in dem der Verstand all seine Möglichkeiten ausgeschöpft hat und nirgendwo mehr hingehen kann. Wir kommen zu der Einsicht, dass der Verstand dieses leuchtende Gewahrsein, welches ihn beseelt, nicht begreifen kann, und werden still. Mit diesem Nichtwissen müssen wir uns vertraut machen, müssen uns an diese neue Dimension gewöhnen, um zu entdecken, dass sie nicht Nichts ist. Diese stille Gegenwärtigkeit ist keine bloße Abwesenheit von Gedanken. Sie ist lebendig. Sie ist das Leben selbst.

Wenn ich in meinem Garten bin, erlebe ich manchmal das, was Sie beschreiben. Kann diese Erfahrung je mit Worten ausgedrückt werden?

Sie ist kein Konzept und kann deshalb auch nicht wie ein Konzept nur mit Hilfe von Worten mitgeteilt werden. Ich könnte das Konzept einer Differentialrechnung mit Worten übermitteln, aber wir müssen verstehen, dass unser wahres Wesen kein Konzept ist. Worte können auf zwei verschiedene Arten gebraucht werden. Die eine Art richtet sich an die logische, rationale Seite des Verstandes. Doch wenn wir sie auf diese Art benutzen, können sie nichts weiter erreichen, als den Verstand zu der Einsicht zu führen, dass unser wahres Wesen kein Konzept ist und dass er es auf eigene Faust nicht erreichen kann. Wenn wir ganz verstehen, dass dieser dynamische Prozess zum Scheitern verurteilt ist, dass er uns das Glück, welches wir suchen, nicht verschaffen kann, dann wird der Verstand still. Zu Beginn hat der Denkprozess vielleicht noch ein gewisses Momentum wie ein Elektromotor, der weiterläuft, nachdem der Strom abgestellt wird – doch wir sind nicht mehr die Akteure in diesem Spiel. Diese Einsicht setzt die Energien frei, die wir für den Versuch, das Glück zu finden, eingesetzt hatten, und lässt sie zu ihrer Quelle zurückfließen.

Worte können auch auf andere Art benutzt werden. Die Antworten, die ich Ihnen gebe, kommen nicht aus der Erinnerung, sondern aus dem Jetzt. Sie enthalten gewisse Inhaltsstoffe, welche ihren Ursprung signalisieren. Wenn Sie diesen Worten mit kindlicher Unschuld lauschen, können sie eine Resonanz in Ihnen erzeugen, und Sie entdecken sich selbst vielleicht als eine empfangende Präsenz. Damit das geschieht, müssen Sie völlig offen sein. Sie müssen alles beiseite stellen, was Sie gelernt haben oder wissen, denn die Wahrheit ist immer frisch und erscheint immer unerwartet. Das erfordert Ihre multidimensionale Offenheit, nicht nur auf der Ebene des Intellekts, sondern auch im Fühlen und Empfinden. Wenn Ihnen das nicht gelingt, wenn Gedanken oder Körperempfindungen diese Offenheit stören, dann brauchen Sie diese Störung einfach nur wahrzunehmen. In dem Moment, wo Sie bemerken, dass Sie nicht zuhören, hören Sie schon wieder zu. In dem Moment, wo Sie bemerken, dass Sie nicht offen und empfangend sind, sind Sie schon wieder offen und empfangend. Wenn Sie meine Worte mit der richtigen Haltung annehmen, werden sie den Weg in Ihr Herz finden.

Wie unterscheiden Sie zwischen dem, wovon Sie sprechen und der Meditation? Oder sprechen Sie über Meditation?

Ich weiß nicht, was Sie mit Meditation meinen. Sagen Sie es mir, denn das ist ein Wort mit so vielen verschiedenen Bedeutungen.

In der Stille mit einem Mantra oder dem Atem zu sitzen, so dass der Verstand zur Ruhe kommt und man offen für alles ist, was hereinkommt.

In einigen Meditationsformen wird die mentale Aufmerksamkeit auf ein Objekt gerichtet. Das kann ein Mantra oder der Atem, eine Kerzenflamme, eine Statue, eine heilige Schrift, die Vorstellung von einer Gottheit mit all ihren göttlichen Eigenschaften sein. Die Absicht besteht in diesem Fall darin, alles, was nicht Objekt der Meditation ist, auszusondern um im Objekt zur Ruhe zu kommen. Irgendwann geschieht durch die Aussonderung all dessen, auf was nicht meditiert wird, ein Verschmelzen mit dem Meditationsobjekt. Dieses Einswerden wird Samadhi genannt. Die Verweigerung all dessen, was nicht Objekt der Meditation ist, führt zu einem Ungleichgewicht, so dass der Zustand, der aus dieser Mühe resultiert, nicht aufrechterhalten werden kann – mag er noch so beglückend oder erfreulich sein. Wenn Sie sich diese Glückseligkeit genauer anschauen, unterscheidet sie sich praktisch nicht von jeder anderen objekt-erzeugten Freude, wie zum Beispiel dem Glück, das Sie empfinden, wenn Sie den langersehnten roten Ferrari bekommen. Sie hat einen Anfang in der Zeit und ein Ende in der Zeit. Den ernsthaften Wahrheitssuchenden wird solch eine zeitgebundene Glücksepisode bald nicht mehr zufrieden stellen. Er sucht nach dem, was zeitlos ist und findet heraus, dass das Samadhi, welches als Resultat einer objektiven Meditation erreicht werden kann, letztendlich die gleiche Art von Glück darstellt, gegen die er sich immunisiert wähnte. Wenn das erst einmal klar ist, öffnet sich die Tür zur wahren Meditation.

Wahre Meditation ist spontan. Sie ist eine offene Einladung, die zwischen allem, was im Feld des Bewusstseins erscheint, nicht unterscheidet. Es findet keine Auswahl statt. Da ist nur ein wahlfreies Erlauben, sowohl von äußeren Wahrnehmungen, Gefühlen, Körperempfindungen, Gedanken als auch von ihrer Abwesenheit. Allem wird gleichermaßen erlaubt zu erscheinen – und das geschieht nicht in Form einer Übung, sondern weil die mentale Ebene ihre eigenen Grenzen erkannt hat. Mehr muss ein Wahrheitssuchender nicht tun. Er braucht keine weiteren spirituellen Praktiken zu verfolgen.

In einer derartigen Offenheit leben wir im Jetzt. Da gibt es nichts zu gewinnen und nichts zu verlieren. Gewahrsein ist kein Fernziel, das wir am Ende eines Prozesses erreichen. Wir haben schon jetzt alles, was wir benötigen. Wir sind voll ausgerüstet, nichts fehlt. Zu Beginn werden wir diese völlige Problemlosigkeit, in der wir neuerdings leben, vielleicht als neutralen Zustand erfahren. Das hat damit zu tun, dass der Verstand immer noch wie ein Elektromotor weiterläuft, dessen Stromzufuhr gerade gekappt worden ist. Wenn uns unsere neue Perspektive vertrauter geworden ist, fühlen wir das Entzücken des Jetzt, welches frei von Ursachen und absolut nicht-objektiv ist. Das ist, als würden wir das Radio nach Stunden von dummem Gebrabbel auf eine neue Frequenz einstellen, wo ein Klavierkonzert von Mozart erklingt. Dann leben wir auf zwei Ebenen gleichzeitig: einmal in der gewöhnlichen objektiven Welt im Vordergrund, und dahinter auf einer neuen Ebene, welcher die Musik und die Schönheit entstammen. Diese Ebene ist kein räumlich festgelegter Ort. Sie ist ein metaphysischer Ort, der Hintergrund des mentalen Bereichs und der Kern unseres Seins.

Wenn wir lauschend leben, werden wir bemerken, dass sich unsere Gefühle und Gedanken sowie die Art, wie wir unseren Körper wahrnehmen oder mit anderen im Kontakt sind, ändern. Einladende Offenheit entspricht der Gesetzmäßigkeit des Universums. Die Nacht ist einladend, der Himmel ist offen, die Vögel und Bäume sind einladend. Wenn wir von offenen menschlichen Gefährten umgeben sind, leben wir in Schönheit. Wir teilen unsere Gegenwärtigkeit miteinander und beginnen zu ahnen, wie sich das verlorene Paradies angefühlt haben mag.

Kapitel 5
Das wahre Leben ist absichtslos

Verfolgt das Leben einen Zweck?

Das wahre Leben verfolgt keinen Zweck, es ist absichtslos, ist reine Freude, reine Freiheit. Wenn Sie mit „Leben" allerdings die Existenzspanne zwischen Geburt und Tod meinen, könnte man sagen, dass sie den Zweck hat, die Wahrheit zu erkennen.

Einige Menschen finden, dass der Zweck dieser Existenz darin besteht, zum Wohle des größeren Ganzen beizutragen, anderen Menschen und ihren Familien zu helfen und das Beste zu tun, was sie unter den gegebenen Umständen vermögen. Wenn Sie behaupten, dass es nur ein einziges Ziel gibt, nämlich die Wahrheit zu erkennen, wie würden Sie ihnen erklären, dass dieses Ziel wichtiger ist als all jene, welche sie verfolgen?

Zunächst ist die Erkenntnis der Wahrheit nicht unvereinbar damit, ein guter Ehemann, Vater, Mitbürger oder eine gute Ehefrau, Mutter, Mitbürgerin zu sein. Im Gegenteil, nur wenn wir nicht glauben, eine begrenzte Wesenheit, ein Ego, eine Person zu sein, können wir uns der wahren Liebe öffnen und ein glückliches, kreatives und harmonisches Leben führen.

Wenn ein Mensch sich der Wahrheitssuche widmen und zugleich eine Familie aufziehen, den Lebens-

unterhalt verdienen und sich um sein eigenes privates Unglücklichsein kümmern will, wie kann er das schaffen?

Mit Hilfe seiner Intelligenz. Wir müssen unsere materielle Lebensweise nicht verändern, um zum Verstehen zu gelangen. Wir beginnen mit dem, was sich anbietet, einer Befragung über unser eigenes Wesen und unsere Wahrnehmungen, Gefühle und Gedanken. Diese Erforschung unserer eigenen Wirklichkeit ist keine rein begriffliche – sie umfasst alle Aspekte unseres Lebens.

Kann ein solches Vorhaben inmitten eines hektischen Lebens durchgeführt werden?

Aber gewiss – und es stellt die einzige Möglichkeit dar, sicherzustellen, dass Ihr Glück wirklich Ihnen gehört, dass es Ihr eigener Schatz ist, unabhängig von äußeren Umständen. Wenn Ihr Glück von äußeren Umständen wie zum Beispiel einem harmonischen Umfeld abhängt, dann verschwindet Ihr schönes Erlebnis, sobald Sie ein Postamt betreten oder sobald draußen jemand Lärm macht. Dieses Erleben gehörte Ihnen also nicht wirklich, es war einfach nur ein glücklicher Zustand.

Das Glück selbst kann also nicht auf etwas im Außen beruhen...

Große Reife ist erforderlich, um zu diesem Verständnis zu gelangen. Die meisten Menschen denken, dass das Glück von irgendeinem Objekt abhängt.

Brauchen wir Lebensumstände, die eine solche Erforschung begünstigen, oder kann sie mitten in einem geschäftigen Arbeits- oder Familienleben durchgeführt werden?

Keine Veränderung ist erforderlich. Es ist einfach nur vonnöten, allen Situationen gegenüber offen zu sein und ihnen ohne Vorurteil und ohne Überlagerung durch persönliche Erinnerungen zu begegnen, denn jede Situation ist immer neu. Wenn wir einer Situation ohne jede Absicht begegnen, frei von Angst oder Verlangen, dann eröffnet diese Haltung uns den Weg zu einer Entscheidung oder Handlung, die völlig im Einklang mit der Situation ist. Eine solche Entscheidung führt vielleicht zu einer augenscheinlichen Veränderung, doch diese Veränderung ist weder eine Flucht vor der Situation noch eine Vermeidung, denn sie hat ihren Ursprung nicht in der Person. Sie entspringt der Intelligenz.

Wenn Sie sagen, dass ein Mensch der Situation ohne Erinnerung oder Absicht begegnen solle, dann ist das völlig anders als die Art, wie die Menschen gewöhnlich auf Geschäfts- oder soziale Situationen zugehen. Sie kommen mit einem Ziel, einer Absicht und erinnern sich dabei an alles, was nötig ist, um ihr Ziel zu erreichen. Warum sollten sie ihre Art ändern, mit Alltagssituationen umzugehen, wenn die Erinnerung und eine gewisse Zielgerichtetheit sehr wohl eine Rolle spielen werden?

Um professionelle Aufgaben oder Alltagsaktivitäten zu bewältigen, ist eine gewisse Kompetenz vonnöten. Als Arzt zum Beispiel haben Sie sich das Wissen und die Fähigkeiten angeeignet, welche zu Ihrem Beruf gehören. Wenn Sie es zu einem bestimmten Zeitpunkt in der Gegenwart eines Patienten benötigen, steht Ihnen dieses Wissen mühelos zur Verfügung. Derartige funktionale Konzepte, die offensichtlich dem Gedächtnis entspringen, sind völlig in Ordnung.

Wenn meine tägliche Arbeit aber ein einziger Kampf und von Angst und Verlangen bestimmt ist, dann muss ich mich fragen: „Was sind meine Beweggründe? Warum tue ich das? Was ist mein höchstes Ziel?“

Wir verschreiben uns in unserem Leben oft einem Ziel (manchmal haben unsere Eltern und Lehrer uns das Ziel zugeteilt) und stellen es danach nie mehr in Frage. Wir leben unser Leben auf völlig programmierte, völlig konditionierte Weise. Da wäre es klug, innezuhalten und herauszufinden, was wir wirklich wollen und was wir wirklich brauchen.

Wollen Sie damit sagen, dass eine Person sich ohne psychologische Erinnerung und ohne psychologi-

sche Absicht in geschäftliche oder gesellschaftliche Situationen begeben soll, dass allerdings die praktischen funktionalen Erinnerungen, die innerhalb der Situation erscheinen, völlig okay sind?

Ja. Es erstaunt mich, welche Unmengen an Energie die Führungskräfte und Experten in der Wirtschaft darauf verwenden, mit sich selbst und gegeneinander im Kampf zu liegen, um ihre persönlichen Ziele zu erreichen. Ein Großteil ihrer Energie wird an diese nutzlosen Kämpfe verschwendet und es bleibt nur wenig für die Erfüllung ihrer Pflichten übrig. Dieser andauernde Konfliktzustand bringt ihnen und den Menschen in ihrem Umfeld nichts als Leiden. Warum geschieht dies? Wie können wir diesen Krieg beenden?

Wir müssen uns zunächst die Situation anschauen, denn dadurch, dass wir sie sehen, kommen Reife und Intelligenz ins Spiel. Wenn wir den Konflikt zutiefst erforschen, entdecken wir, dass er im Ego seinen Ausgang nimmt und dass all dieses Chaos einem einzigen Zweck dient: dem Überleben und dem Glück dieser individuellen Wesenheit, für die wir uns halten.

Um also den Hauptzweck des Lebens – die Wahrheit – zu verfolgen und das Leiden zu verringern, sollten wir uns weiterhin in die Alltagssituationen hineinbegeben – allerdings weniger persönlich oder sogar ganz unpersönlich, also nicht als Person?

Ja. Wir sollten einen neuen Weg entwickeln, um den Situationen zu begegnen, einen unpersönlichen Weg. Wenn wir versuchen, einer Situation auszuweichen, indem wir sie vermeiden, werden wir ihr früher oder später von neuem gegenüberstehen. Es ist deshalb absurd, die Begegnung aufzuschieben. Wir müssen mit den Tatsachen umgehen, wenn sie uns begegnen, aber nicht vom Standpunkt einer persönlichen Wesenheit. Wir sollten sie aus einer „wissenschaftlicheren" oder experimentellen Perspektive betrachten, ohne Vorurteil, ohne vorgegriffene Schlüsse, einfach indem wir die Bestandteile der Situation anschauen wie sie wirklich sind. Dann können uns die Tatsachen ihre Geschichte erzählen. Wenn die Situation sich entfalten darf, erscheint an irgendeinem Punkt die Klarheit – und das Tun wie auch das Nicht-Tun, die dieser Klarheit entspringen, hinterlassen keine Spuren.

Sie sagen, diese Welt sei eine Illusion. Wie haben Sie das herausgefunden?

Die Frage hinter dieser Frage heißt: „Sie sagen, die Welt sei eine Illusion. Wie kann **ich** das herausfinden?"

Stimmt genau!

Wenn ich sage, dass diese Welt eine Illusion ist, meine ich damit nicht, dass diese Welt nicht existiert. Ich meine einfach nur, dass diese Welt nicht als ein Objekt existiert, das sich vom Bewusstsein unterscheidet oder von ihm getrennt ist. Anders ausgedrückt, diese Welt ist nicht autonom – wie die klassische Physik uns gerne glauben machen will. Wenn sie wahrgenommen wird, kann ihre Existenz als Wahrnehmung nicht abgeleugnet werden, doch wenn sie nicht wahrgenommen wird, kann ihre Existenz nicht bewiesen werden.

Würden Sie denn zustimmen, dass eine Illusion als das existiert was sie ist – als eine Illusion, eine Erscheinung?

Ja. Eine Illusion setzt sich aus zwei Elementen zusammen: aus der Wirklichkeit im Hintergrund und aus der darauf projizierten illusionären Vorstellung. Wenn Sie im Dunkeln ein Seil sehen, könnten Sie es auch für eine Schlange halten. Schalten Sie aber das Licht an, dann erkennen Sie, dass die Wirklichkeit der Schlange aus dem Seil bestand. Es gab da von Anfang an gar keine Schlange. Die Schlange war eine komplette Illusion. Eine Illusion ist nicht-existent. Es hat die Schlange nie gegeben. Die Wirklichkeit der Schlange war das Seil.

Das ist schwer zu begreifen, denn obwohl Sie sagen, dass es die Schlange nie gab, habe ich die Schlange nicht nur gesehen, sondern kann vielleicht sogar

sagen, welche Farbe sie hatte, wie lang sie war und so weiter. Man kann also nicht sagen, dass da überhaupt nichts war. Außerdem habe ich das Seil gar nicht gesehen.

Natürlich. Ihre Farbe und all die anderen Charakteristika der Schlange waren eine Sammlung von Konzepten, die miteinander die Illusion ausmachten. Doch Ihre Behauptung, das Seil gar nicht gesehen zu haben, ist falsch. Sie haben nichts anderes gesehen als das Seil. Sie haben es einfach nicht als das erkannt, was es war und es mit der Vorstellung von einer Schlange überlagert. Auf die gleiche Weise ist die Vorstellung, dass es da draußen eine von uns getrennte Welt gibt, eine Illusion. Was wir wahrnehmen, ist die Wirklichkeit selbst. Die meisten Menschen erkennen sie nicht als das, was sie ist und überlagern sie mit der Vorstellung eine äußeren und unabhängigen Welt.

Die Welt ist in der Position der Schlange. Sie scheint da zu sein, ist es aber nicht.

Genau. Es ist eine vorgebliche Welt. Und was ist nun in der Position des Seils? Vor der Präsenz der Schlange, nach der Präsenz der Schlange und während der Präsenz der Schlange ist in Wirklichkeit nur das Seil da. Vor der Präsenz der Welt, nach der Präsenz der Welt und während der Präsenz der Welt ist das Bewusstsein da. Die einzige Realität ist also das Bewusstsein.

Sie haben einmal gesagt, dass es hinter und zwischen den Gedankenbewegungen einen permanenten Hintergrund von Bewusstsein gibt. Warum ist das wichtig und wie kann ich wissen, dass das wirklich so ist? Wie kann ich aufgrund meiner eigenen Erfahrung die Gewissheit haben, dass es wirklich so ist?

Die mentale Ebene besteht aus Gedanken und Wahrnehmungen, die wir als mentale Ereignisse bezeichnen würden. Niemand würde die Tatsache in Frage stellen, dass während eines mentalen Ereignisses Bewusstsein anwesend ist.

Nein.

Sie fragen also: „Wie kann ich mir der Tatsache gewahr sein, dass zwischen zwei mentalen Ereignissen das Bewusstsein anwesend ist?“ Die mentalen Ereignisse machen die mentale Ebene aus. Der Zwischenraum zwischen zwei mentalen Ereignissen gehört nicht zum objektiv Mentalen. Er ist jenseits davon, völlig außerhalb unseres Zugriffs. Wir können ihn mit unseren fünf Sinnen nicht wahrnehmen, wir können ihn nicht in Begriffe fassen...

Wie kommt es, dass wir ihn hier besprechen, wenn wir ihn nicht denken oder wahrnehmen können? Anscheinend sprechen wir doch darüber.

Wir können die Tatsache wahrnehmen, dass er nicht wahrgenommen werden kann. Die Wahrnehmung, dass er nicht wahrnehmbar ist, reinigt unseren Geist. Dieser lässt in der Folge dieser Einsicht seine alten Muster hinter sich, seinen alten Glauben, dass wir etwas sind, was wir uns vorstellen oder als ein Objekt wahrnehmen können, wie etwa den mentalen oder körperlichen Anteil. Wenn Geist und Verstand zu der Einsicht kommen, dass sie auf das Gewahrsein, welches während und zwischen den mentalen Ereignissen existent ist, keinen Zugriff haben, werden sie ruhig. Doch die Überzeugung, dass zwischen zwei mentalen Ereignissen Bewusstsein existiert, kommt nie aus dem mentalen Bereich, aus der logischen Vernunft. Nur die Erfahrung der Realität kann sie hervorbringen. Wenn wir uns selbst fragen: „Wer bin ich?“ und dann zutiefst verstehen, dass das, was wir sind, nicht wahrnehmbar und nicht vorstellbar ist, bleiben wir als das Bewusstsein übrig. Das ist keine verbale Antwort, kein Konzept, keine Wahrnehmung. Das ist eine lebendige Antwort, die ihre eigene Überzeugung, ihre eigene Gewissheit mit sich bringt.

Das können wir auch am Ende eines Gedankens erleben, der sich auf unser wahres Wesen bezieht. Ein solcher Gedanke ist nicht zentrifugal, er kann sich nirgendwo anders hinbewegen als zu der Innerlichkeit des Herzens. Und wenn der Gedanke über unsere intimste Wahrheit in seiner Quelle verlischt, ist da ein Moment der Gnade. In einem einzigen Erlebnis, jenseits von Zeit sind wir Herrlichkeit, Ewigkeit und Liebe.

Ich liebe meine Begierden. Sie geben mir das Gefühl, lebendig zu sein. Ich sehe nicht ein, warum ich ihnen entsagen sollte.

Lieben Sie Ihre Begierden. Versuchen Sie nicht, gegen sie zu anzukämpfen. Heißen Sie sie willkommen. Wenn Sie sich gegen sie wehren, verschließen Sie alle Wege, auf denen Sie ihren Ursprung verstehen könnten. Intelligenz beginnt mit Liebe. Lieben Sie Ihre Begierden und verstehen Sie, was Ihr tiefstes Begehren ist. Fragen Sie sich jedesmal, wenn Sie irgend ein Objekt begehren: „Wird dieses Objekt mir das Glück bringen, welches ich mir wirklich wünsche?" Ist die Antwort „Ja", dann lassen Sie sich darauf ein und lernen Sie aus der Erfahrung. Dadurch, dass Sie Ihre Begierden lieben und sie erforschen, werden Sie verstehen, dass sie alle Ihr Begehren nach Frieden und Glück überlagern, das Begehren, Ihr wahres Wesen und Ihre wahre Heimat zu finden.

Wenn wir unsere Begierden willkommen heißen, sie sogar lieben, geben wir ihnen dann nicht nach? Bedeutet Ihr Vorschlag, sie willkommen zu heißen, etwas anderes, als ihnen nachzugeben?

Ja. Sie können Ihren Begierden nur nachgeben, wenn Sie glauben, dass der Erwerb des begehrten Objekts Ihnen die Art von Glück bringen wird, nach der Sie wirklich suchen. Wenn Sie einmal selbst herausgefunden und erkannt haben, dass das Glück, welches Sie suchen, kein Objekt ist und auch nie von irgendeinem Objekt verursacht werden kann, dann sind Sie offen für eine neue Dimension. Dann erwacht ein Losgelöstsein in Ihnen, das diesem Verstehen spontan entspringt. Dieses Losgelöstsein gibt Ihnen die Möglichkeit, einen gewissen Abstand zwischen sich selbst als dem Bewusstsein und der Begierde einzuhalten, die gerade in Ihnen auftaucht. Sie „kleben" nicht länger an der Begierde. Raum ist entstanden, Raum für Veränderung und Raum zum Lernen.

Wir gehen davon aus, dass wir der Träumer sind, der nachts in unseren Träumen erscheint. Sie sagen, dass dem nicht so ist. Warum?

Wenn wir aufwachen, wissen wir mit völliger Gewissheit, dass wir nicht der Elefant sind, für den wir uns im Traum gehalten haben. Wir zweifeln nicht daran, dass die Welt, von der wir geträumt haben, reine Illusion war – und aus dem gleichen Grund war auch die Persönlichkeit, die wir im Traum angenommen hatten, Teil des Traums und deshalb eine Illusion. Im Traum können wir ein anderes Geschlecht oder eine andere Form haben, wir können ein Vogel oder ein Elefant sein.

Das ist wahr, aber wenn Sie sagen „im Traum ... können wir ein Vogel oder ein Elefant sein“, dann steckt darin die Vorstellung, dass wir diejenigen sind, die träumen.

Der so genannte Traumzustand und der so genannte Wachzustand haben einen gemeinsamen Hintergrund. Wenn ein Traum erscheint, sind dieser gemeinsame Hintergrund, der Träumer und das Geträumte eins; es gibt nur das Träumen.

Ja.

Das Träumen und das Gewahrsein sind eins.

Ist das Träumen eine Art von Gewahrsein?

Träumen ist Gewahrsein.

Ist es das Gewahrsein von Traumobjekten?

Während des Träumens gibt es nur das Träumen. Da ist kein Objekt, das geträumt wird. Die Substanz des Traumes ist tatsächlich nichts anderes als Gewahrsein. Darum sage ich, dass das Träumen Gewahrsein ist. Auf die gleiche Weise ist das Wachen, wenn es da ist, Gewahrsein. Gewahrsein ist also der gemeinsame Hintergrund, der beim Wachen, Träumen, im Tiefschlaf und auch zwischen diesen Zuständen anwesend ist.

Dann ist also die gefühlte Kontiuität zwischen dem Träumer und dem Traum-Ego – die Vorstellung,

dass ich meine Träume träume und während des Schlafes genauso wie im Wachzustand fortwährend da bin – eine totale Fehlannahme?

Genau. Das Traum-Ego ist ein Konzept. Das wache Ego ist ebenfalls ein Konzept. Ihre gemeinsame Wirklichkeit liegt im darunter liegenden Hintergrund, dem Gewahrsein.

Dann hat das Traum-Ego, die Person im Traum, der all die Dinge passieren und die alles andere in der Traumwelt wahrnimmt, gar keine Verbindung mit dem wachen Ego?

Genau.

Was würden Sie jemandem sagen, der glaubt, dass zwischen diesen beiden Egos eine intime Verbindung besteht, und der versucht, die Bedeutung seiner Träume für sein tägliches Leben zu verstehen? Gibt es im Wachzustand irgendeinen Zugang zum Traumzustand?

Ich würde diesem Menschen „viel Glück“ wünschen, denn die einzige Verbindung zwischen diesen beiden Zuständen besteht im Bewusstsein. Es ist also ein nutzloses Unterfangen, das scheitern muss. Um zu Ihrer ursprünglichen Frage zurückzukommen, ob wir „der Träumer sind, der nachts in unseren Träumen erscheint“ – dazu würde ich sagen, dass wir nicht der Träumer IN unseren Träumen sind, sondern der Träumer all unserer Träume, zu denen auch unser Wachzustand als ein weiterer Traum gehört. Wir sind also der letztendliche Träumer.

Wir träumen also nicht nur jeden Traum, sondern den Träumer in jedem Traum?

Genau. Wir sind die Träumer aller Träumer in allen Träumen.

Sie sagen, die Befreiung sei der Tod des Ego. Wie können wir das Ego zerstören?

Wer soll das Ego zerstören? Das Ego? Das Ego sieht sich selbst als Hindernis und will sich selbst loswerden, richtig?

Das scheint wohl so zu sein, aber ich kann mir nicht vorstellen, dass das Ego Selbstmord begehen würde.

Genau! Es ist unmöglich, dass das Ego sich selbst aus dem Weg räumt. Was werden wir dann also tun?

Das ist die Frage.

Tun Sie überhaupt nichts! Lassen Sie es in Frieden! Sehen Sie es einfach nur als das, was es ist; wie eine Wolke am Himmel oder eine Blume im Garten – ein Objekt. Genau das ist es. Ein Objekt, das aus einem Gedanken entstanden ist; das Ich-Konzept mit einem angehängten Merkmal, einer Begrenzung, wie zum Beispiel: Ich bin ein Mann, ich bin ein Vater, ich bin jung. All die Eigenschaften, die Ihnen von Ihrer Umgebung zugeschrieben wurden, haben diese sogenannte Wesenheit erschaffen. Seien Sie sich dessen einfach bewusst. Erkennen Sie es als das, was es ist. Es ist nicht nötig, es zu töten. Im Gegenteil, heißen Sie es willkommen, lieben Sie es. Sobald Sie es willkommen heißen, ist es neutralisiert.

Was meinen Sie mit Nicht-Dualität?

Nicht-Dualität bedeutet, dass es keine zwei Dinge wie Subjekt und Objekt, Mann und Frau, gut und böse gibt. Es gibt keine Pluralität. Aus dieser Perspektive gesehen ist jedes Gegensatzpaar ein Produkt unserer Einbildung. Die Wirklichkeit ist nichtdual. Wenn wir ein Objekt zu sehen meinen, gibt es gar kein Objekt und auch keinen Sehenden; es gibt nur das Sehen. Das Sehen ist Gewahrsein. Wenn wir denken, ist es das Gleiche: es gibt keinen Gedanken und auch keinen Denker; es gibt nur das Denken. Das Denken ist Gewahrsein. Gewahrsein, unser wahres Wesen, ist das einzige Ding was es gibt – wenn wir überhaupt noch von einem Ding reden können – ein Ding, das sich selbst aus sich selbst heraus kennt.

Wenn es keine Pluralität gibt, dann ist alles, was ich weiß, gewusst habe oder je wissen könnte, unreal. Haben Sie das wirklich gemeint? Und wenn ja, könnten Sie es genauer erklären?

Alles, was wir wissen, ist die Wirklichkeit. Wir können nichts anderes kennen als die Wirklichkeit, Gewahrsein. Alles, was wir kennen, ist Gewahrsein. Alles, was nicht Gewahrsein ist, ist eine Hypothese, eine pure Illusion...

Kann ich einen Moment unterbrechen? Sie sagten: „Alles, was nicht Gewahrsein ist..." Gibt es denn irgendetwas anderes?

Nein. Wenn Sie behaupten, dass es irgendetwas anderes gäbe, müssen Sie das erst einmal beweisen. Sie haben die Freiheit, zu behaupten, dass es so etwas wie ein Einhorn gibt – aber dann müssen Sie mir auch eins bringen.

Das ist wahr, und viele würden sagen, dass es zwar kein Einhorn gibt, dafür aber Pferde – und sie würden Ihnen ein Pferd bringen.

Und?

Was haben sie Ihnen gebracht?

Wenn wir ein Objekt wie zum Beispiel ein Pferd sehen, dann spielt in dem Moment das Konzept „Pferd" überhaupt keine Rolle – selbst das Bild des Pferdes, seine Form als Ganzes spielt keine Rolle. Die Form als Ganzes ist ein ausgefeiltes mentales Ereignis, welches entsteht, nachdem eine Serie von Blicken geworfen wurde, nachdem die visuelle Information Stück für Stück verarbeitet worden ist.

Das ist wahr. Die Netzhaut besitzt keine Pferde-Rezeptoren.

Ich würde sogar behaupten, dass die Netzhaut zum Zeitpunkt des Wahrnehmens ebenfalls eine Schöpfung Ihrer Fantasie ist. Es gibt nur Gewahrsein, von Augenblick zu Augenblick. Wenn ein Objekt mit dieser Sichtweise angeschaut wird, können wir sagen, dass es real ist. Objekte sind in Ordnung, solange wir ihr wahres Wesen verstehen – solange wir verstehen, dass sie nichts anderes sind als Erscheinungen auf dem Hintergrund von Gewahrsein. Sie besitzen keine eigene Realität. Das ist die Bedeutung von Nicht-Dualität.

Dann sind also Objekte, wie wir sie normalerweise betrachten, reine Einbildung. Es gibt außerhalb des Gewahrseins keine unabhängig existierenden Objekte.

So gesehen ist an der Wahrnehmung nichts falsch. Falsch ist allein die folgende Fehlannahme: dass ich im Verlauf der Wahrnehmung als eine Person anwesend war, als jemand, der dieses Objekt wahrgenommen hat; und dass dieses Objekt unabhängig davon existiert, ob es wahrgenommen wird oder nicht. Darin besteht der Grundirrtum, den wir Unwissenheit nennen. Das ist kein Schimpfwort. Es bezeichnet einfach diese Projektion einer aus Objekten bestehenden äußeren Welt und des dazugehörigen Subjekts, welches diese Welt wahrnimmt. Mit Unwissenheit bezeichne ich diese Aufteilung in zwei Elemente, in der jegliche Vielfalt ihren Ausgangspunkt hat.

Unwissenheit bezieht sich also auf die Dualität.

Richtig.

In Wirklichkeit gibt es also keine zwei. Nicht-Dualität bezieht sich auf die Wirklichkeit, und es ist eine Tatsache, dass die Pluralität nirgends vorhanden ist.

Genau.

Was ist der Tod?

Auf der körperlichen Ebene ist der Tod die Auflösung, das Verschwinden eines Objekts. Er ist das Gegenstück zur Geburt. Der Zeitraum zwischen Geburt und Tod wird die Existenz genannt. Die Existenz des Körpers entspricht der Existenz eines jeden physischen Objekts. Er hat einen Anfang in der Zeit, welcher Geburt, und ein Ende, welches Tod genannt wird. Wie der Kopf und der Schwanz einer Katze sind Geburt und Tod nicht zu trennen.

Auf der Ebene des Verstandes bedeutet der Tod das Ende eines mentalen Ereignisses, wo es in seine Quelle, den Hintergrund, das Gewahrsein zurückkehrt. Diese feinstofflichen Objekte, diese mentalen Ereignisse sind genauso zeitabhängig wie die grobstofflichen Objekte auf der physischen Ebene. Der Unterschied besteht darin, dass die physischen Objekte nur aus Wahrnehmungen bestehen, während mentale Ereignisse sowohl Wahrnehmungen als auch Gedanken sein können. Um es in der Sprache der Mathematik auszudrücken: Die grobstoffliche Welt kann als die Untermenge (Unterkategorie) der feinstofflichen Welt gesehen werden.

Meinen Sie damit, dass die physische Welt in die mentale Welt eingebettet ist?

Ja. Wir unterscheiden zwischen zwei Arten von mentalen Ereignissen, Wahrnehmungen und Gedanken, und erschaffen damit zwei verschiedene Welten, die physische und die psychologische. Beide sind Unterkategorien, Unter-Universen des feinstofflichen Universums, welches aus Gedankenbewegungen besteht. (Diese Sichtweise, dass nämlich die so genannte physische Welt faktisch feinstofflich ist, bildet die Basis der philosophischen Schule des Idealismus.) Doch dieses Verständnis ist immer noch relativ. Wir müssen darüber hinausgehen und verstehen, dass im Abstand zwischen zwei Gedankenbewegungen **wir** da sind und den Hintergrund darstellen. Jede Gedankenbewegung wird aus diesem Hintergrund heraus geboren, lebt in ihm und stirbt in ihn zurück. Er ist unser wahres Wesen, Gewahrsein.

Wenn der Hintergrund, der übrig bleibt, wenn alle Gedankenbewegungen enden – und dazu zähle ich auch die Empfindungen – dem entspricht, was wir sind, dann gibt es keinen Tod.

Genau! Wenn wir unseren Standpunkt auf den Hintergrund verlagern, gibt es keinen Tod. Auf den relativen Ebenen gibt es den Tod: physisch gesehen tritt der Tod am Ende des Körpers ein; auf der feinstofflichen Ebene tritt er jeden Moment ein, immer wenn eine Wahrnehmung oder ein Gedanke endet. Auf der höchsten Ebene gibt es nur zeitlose Dauer.

Das bedeutet anscheinend, dass die Gewissheit und auch die Angst, die ein jeder über seinen bevorstehenden Tod hat, daraus resultieren, dass er sich selbst für ein Objekt hält...

Genau.

...das irgendwann enden muss...

Richtig.

...und wenn er das nicht täte, würde er den Tod gar nicht sehen?

Ja. Er wäre angstfrei. Angst entsteht aus der Vorstellung, eine abgegrenzte Wesenheit zu sein; entweder eine mit dem Körper identifizierte physische Wesenheit oder eine mit dem Mentalen identifizierte feinstoffliche Wesenheit. Wenn wir uns mit dem Leben selbst identifizieren (und mit Leben meine ich nicht die Existenz, die Zeitspanne zwischen Geburt und Tod, sondern den Kern unseres Seins, den zeitlosen Hintergrund), oder richtiger, wenn wir aufhören, uns mit irgend etwas Begrenztem, einem grob- oder feinstofflichen Objekt zu identifizieren, dann gibt es keinen Tod. Um den Tod zu verstehen, muss man also zunächst das Leben verstehen. Dann erscheinen die Fragen zum Tod in einem anderen Licht.

Sie haben Objekte dadurch charakterisiert, dass sie einen Anfang und ein Ende, eine Geburt und einen Tod haben und Sie sagten, sie seien wie der Kopf und der Schwanz einer einzigen Katze. Durch das, was Sie gerade erklärt haben, haben wir verstanden, dass es für jemanden, der sich im Gewahrsein verankert, keinen Tod gibt. Würde das bedeuten, dass es auch keine Geburt gibt? Ist jemand, der sich dort verankert, ewig und zeitlos?

Wir sind zeitlos. Es gibt niemanden, der sich dort verankert – außer dem Gewahrsein, das schon immer dort war. Um sich dort zu verankern, muss die Person verschwinden. Niemand kann sich dort verankern. Wir sind immer schon dort gewesen. Wir sind immer schon das gewesen was wir sind, und diese geistige Essenz transzendiert unser Menschsein.

Was würden Sie jemandem sagen, dem es schwer fällt, anzunehmen, dass sein wahres Wesen im Glück besteht, weil er meistens unglücklich ist?

Ich würde sagen: „Eigentlich wissen Sie, dass es das Glück gibt. Wenn Sie keine Ahnung davon hätten, würden Sie nicht einmal das Wort benutzen..."

Ja, er könnte Ihnen gar keine Frage darüber stellen.

„...würden Sie nicht einmal sagen können 'Ich bin unglücklich', weil sich das Unglücklichsein direkt auf das Glücklichsein bezieht. Um sich Ihres Unglücklichseins bewusst zu sein, müssen Sie auf irgendeine Art das Glück fühlen."

Oder er könnte sagen, „das Glück einmal gefühlt haben."

Nun, damit er seine derzeitige Unzufriedenheit überhaupt spüren kann, muss es immer noch einen Rest davon geben, nicht als Erinnerung, sondern in der Realität. Ansonsten wäre sein Erleben neutral.

Könnte seine derzeitige Unzufriedenheit nicht daher stammen, dass er die Erinnerung an eine glückliche Zeit mit seiner unglücklichen Gegenwart vergleicht?

Die Erinnerung bezieht sich nur auf Objekte, auf Ereignisse. Der angebliche Grund für meine Unzufriedenheit ist zwar, dass ich mir den roten Ferrari, der beim Autohändler im Fenster steht, nicht leisten kann. Doch auf der Erinnerung an glückliche Zeiten hinter dem Steuer kann meine Unzufriedenheit nicht basieren, denn schließlich habe ich noch nie einen Ferrari besessen. Es muss also eine tiefere Erforschung stattfinden.

Unsere Unzufriedenheit entsteht nicht deshalb, weil wir das gewünschte Objekt nicht besitzen. Sie hat eine andere Quelle: das überwältigende Gefühl von Mangel in unserem Inneren. Es mangelt uns an etwas, das wir nicht kennen, aber ahnen. Wenn wir dieses Gefühl voll und ganz willkommen heißen, anstatt in dem Versuch, der Situation zu entkommen, die üblichen Sachen zu tun – auszugehen, einen Film anzusehen, einen Freund anzurufen – dann würden wir beobachten, wie dieser Mangel langsam seine Dynamik verliert und sich in eine friedliche Nicht-Erfahrung verwandelt. Dieser Frieden erhebt sich direkt aus unserem wahren Wesen. Er war immer da. Mit dem Gefühl des Mangels hat unser wahres Sein uns zu einem Zeitpunkt, wo wir das Glück im Außen, in der objektiven Welt suchten, an seine eigene Gegenwart erinnert. Wenn wir das verstehen und uns unserem innersten Kern öffnen, verwandelt sich dieser Mangel wie durch Zauberei in eine Glückseligkeit ohne Ursache.

Sind Sie die ganze Zeit glücklich?

Ich bin Glück, Sie sind Glück, Gewahrsein ist Glück

Kapitel 6

Hans Meier, der Schauspieler

Ich würde gerne wissen, ob Sie Ihr ursprüngliches Wesen gesehen haben.

Warum würden Sie das gerne wissen?

Ich möchte es wissen, weil ich glaube, dass jemand, der sein ursprüngliches Wesen gesehen hat, ein Meister für mich sein könnte.

Ein Meister muss in Ihrem Herzen entdeckt werden. Das müssen Sie selbst herausfinden. Wenn Sie es herausfinden, entdecken Sie Ihr wahres Wesen.

Tatsächlich gibt es keinen Meister. Es gibt ihn nur so lange, wie man sich selbst für einen Suchenden hält. Auf die gleiche Weise gibt die Mutter dem Baby solange die Brust, wie es sie braucht. Doch aus der Sicht des sogenannten Meisters gibt es einen solchen Unterschied nicht. Es gibt nur offene Empfänglichkeit, Einssein, Glück.

Der Suchende und der Meister sind ein und dasselbe.

Ganz genau.

Ich habe gerade einen Artikel in einer Yogazeitschrift gelesen. Der Tenor war, dass Gurus und Meister vielleicht die größten Hindernisse auf

diesem Planeten darstellen. Der Autor schlug vor, dass man besser seine persönliche Freiheit behalten und selber herausfinden solle, wer man ist, anstatt ein Anhänger zu bleiben und jemandem zu folgen, Bücher zu lesen oder unaufhörlich nach einem anderen Meister Ausschau zu halten.

Solange Sie sich selbst für eine persönliche Wesenheit halten, können Sie zwei Positionen einnehmen: Eine, in der Sie sich Hilfe wünschen, oder eine, in der Sie die Wahrheit alleine herausfinden und nicht unterrichtet werden möchten. Selbst wenn Ihnen jemand hilft, müssen Sie die Arbeit immer noch selbst vollenden. Darum gibt ein guter Meister Ihnen nicht alles schon fertig vorgekaut. Er gibt Ihnen Material, das Sie durcharbeiten und selber verstehen müssen. Dieses universelle Prinzip trifft auf jede Art Unterricht zu, auch auf den spirituellen. Wenn Sie eine dieser beiden Positionen einnehmen, sind Sie auf dem richtigen Weg. Im ersten Fall ist das so, weil Ihr Verlangen, einen spirituellen Meister zu finden, dem tiefen Verlangen entspringt, Ihr Selbst zu finden, und im zweiten Fall, weil sich da ein Verlangen nach Unabhängigkeit und eigenständigem Verstehen ausdrückt, welches Ihrer eigenen Unabhängigkeit und Eigenständigkeit entspringt. Solange Sie kein Bedürfnis nach einem Meister verspüren, machen Sie sich keine Sorgen. Alles, jeder Mensch, jedes Ereignis in Ihrem Leben ist Ihr Meister. An irgendeinem Punkt wird Ihnen durch eine Lektüre, durch etwas, was Sie hören oder jemanden, dem Sie begegnen, eine Einsicht zuteil werden, welche Ihnen klar zeigt, dass die Möglichkeit existiert, frei zu leben – ohne die Vorstellung, eine Person zu sein und im Wissen Ihrer Freiheit und Ihres Glücks. Am Anfang mögen Sie diese Möglichkeit, ein kreatives Leben zu leben, offen begrüßen. Später werden vielleicht Zweifel auftauchen. In dem Fall würden Sie vielleicht gerne jemandem begegnen, der in Freiheit lebt. In diesem Geiste begann ich in meinen frühen Jahren nach einem spirituellen Meister Ausschau zu halten und ich habe es nie bereut. Ein weiterer Grund dafür, einen spirituellen Meister zu suchen, ist, Antworten auf Ihre Fragen zu bekommen. Es gibt viele gute Gründe, einem Meister zu begegnen – doch letztendlich nur einen Einzigen: um sich selbst – Ihrem Selbst – zu begegnen. Sie suchen Ihr Selbst. Ihr Selbst ist nicht von diesem und auf diesen Körper und diese mentale Kapazität beschränkt. Ihr Selbst ist immens, schön und unsterblich. Seien Sie offen für diese Möglichkeit, seien Sie offen für die Quelle aller Möglichkeiten.

Sie haben über die Möglichkeit gesprochen, keine Person, sondern frei und glücklich zu sein. Könnten Sie das bitte genauer erklären?

Der Schauspieler auf der Bühne, der heute Hamlet, morgen Macbeth und übermorgen König Lear spielt, hält sich selbst nicht für Hamlet, Macbeth oder König Lear. Er hält sich für Hans Meier, den Schauspieler. Das hindert ihn aber nicht daran, auf der Bühne Hamlet, Macbeth oder König Lear zu sein. Wenn Sie wissen, dass Sie nicht Mann noch Frau, nicht verheiratet, weder Mutter noch Vater, sondern das Gewahrsein sind, dann hält dieses Wissen Sie nicht davon ab, all diese Rollen eine nach der anderen zu spielen. Doch diese Rollen sind nicht für immer, sie sind nicht Sie, denn das was Sie sind, ist ewig. Die verschiedenen Charaktere, welche Sie darstellen, sind wie Kleidungsstücke. Sie ziehen sie an, ziehen sie wieder aus und besorgen sich ein neues Kleidungsstück. Was Sie wirklich sind, ist immer gegenwärtig.

Trägt unser Rollenspiel irgendwie dazu bei, dass wir uns mit einer persönlichen Wesenheit identifizieren? Gibt es einen Grund, warum wir diese Rollen spielen?

Sie können jede Rolle spielen, die Ihre gegenwärtigen Lebensumstände erfordert, jedoch ohne sich mit ihr, mit dem, was an ihr persönlich ist, zu identifizieren. Wenn Sie nun fragen, ob es einen Grund dafür gibt, dass Sie sich mit einer persönlichen Wesenheit identifizieren, ist die Antwort Nein. Es gibt nicht wirklich einen Grund. Tun Sie es einfach nicht. Sagen Sie nicht einmal, dass es nicht wirklich einen Grund gibt. Tun Sie es einfach nicht.

Die zweite Frage war: „Gibt es einen Grund dafür, dass wir Rollen spielen?“ Nun, ohne das wäre es langweilig. Vielfalt trägt zur Schönheit bei. Sie ist eine Feier. Das was wir sind, unser wahres Wesen, ist kein leeres Blatt. Es ist kein Nichts. Es enthält alles. Alles ist deshalb unser Selbst, Ihr Selbst von Augenblick zu Augenblick.

Alles was Sie sehen, alles was Sie berühren, alles was Sie denken, sind Sie. Gleich im Anschluss an den Gedanken, an die Wahrnehmung und an das Gefühl sagen Sie: „Ich war als Person da und ich hatte diesen Gedanken, dieses Gefühl, diese Wahrnehmung." Doch das ist nicht die Wahrheit, denn zum Zeitpunkt des Gedankens, des Gefühls oder der Wahrnehmung war kein Denkender, Fühlender oder Wahrnehmender und auch kein gedachtes, gefühltes oder wahrgenommenes Objekt vorhanden. Es gab nur das Denken, das Fühlen und das Wahrnehmen. Von jedem Moment zum nächsten gibt es also nichts als Einssein. Und das sind Sie. Das ist Ihr wahres Wesen. Und als dieses sind Sie weder hier noch dort. „Ich bin hier" ist ein Gedanke. Wenn Sie diesen Gedanken streichen, wo bleiben Sie dann?

Ich konnte Ihnen bis zum letzten Abschnitt folgen.

Konnten Sie sich selber folgen?

Wie meinen Sie das?

Sind Sie mit sich selbst? Sind Sie bei sich, oder ist Ihr Selbst von Ihnen getrennt?

Ich bin getrennt.

Sie sind von sich selbst getrennt?

Ich arbeite an mir selbst.

Wie wissen Sie, dass Sie von sich selbst getrennt sind?

Das ist eine lange Geschichte.

Wie wissen Sie in diesem Moment, ohne dass Sie in die Vergangenheit gehen, dass Sie von sich getrennt sind? Nicht gestern oder morgen, sondern jetzt. Sind Sie von sich getrennt? Auf welcher Grundlage behaupten Sie das?

Sprechen Sie bitte weiter, ich glaube ich bin...

Versuchen Sie herauszufinden, ob Sie wirklich von sich getrennt sind. Versuchen Sie, es soweit herauszufinden, dass Sie sich sicher sind. Was ich fühle, ist, dass ich immer bei mir selbst bin. Ich bin mein bester Gefährte. Wie könnte ich von mir selbst getrennt sein?

Vielleicht denke ich nur, dass ich getrennt bin.

Ja. Aber wo erscheint Ihr Gedanke, getrennt zu sein?

In mir selbst.

Richtig. Sie sind also gar nicht von sich selbst getrennt.

Ich weiß nicht. Ich muss darüber nachdenken.

Denken Sie darüber nach.

Getrenntsein ist also etwas, das durch unser Denken entsteht und nicht in Wirklichkeit?

Ganz genau.

Wenn wir aufhören könnten zu denken, wären wir alle glücklich.

Wir brauchen nicht aufhören zu denken. Wir können keine Anstrengung unternehmen, mit dem Denken aufzuhören, denn auch für diese Anstrengung müssten wir denken. Es gibt da eine Geschichte über einen König, der sehr krank war. Er ließ einen berühmten Arzt kommen und sagte zu ihm: „Heilen Sie mich oder ich lasse Ihnen den Kopf abschneiden." Der Arzt erkannte, dass der König im Sterben lag und sagte: „Ich kann Sie retten, – Sie müssen aber all meine Anweisungen strikt befolgen, sonst wird die Medizin nichts nützen." Der König war einverstanden. Der Arzt gab ihm die Medizin mit der Auflage, beim Einnehmen nie an einen grauen Affen zu denken. Das erwies sich natürlich als unmöglich. Schließlich starb der König und der Arzt hatte sein eigenes Leben gerettet. Diese Geschichte sagt Ihnen, dass Ihr Versuch, mit dem Denken aufzuhören, von Ihnen fordert, zu denken. Sie können Ihr Ziel also nie erreichen.

Hören die Gedanken jemals auf? Ich glaube, was ich sagen möchte ist, dass die Gedanken zwar unser Rollenspiel unterstützen, uns aber nicht unbedingt dabei helfen, zu sein wer wir sind.

Uns nützt die Art von Gedanken nichts, die sich aus der Vorstellung ableiten, dass wir eine Person sind. Solche Gedanken führen zu Hass, Unverbundenheit, Wut, Begierde und so weiter. Sie fördern negative Emotionen. Wenn ich davon überzeugt bin, diese begrenzte Körper-Mental-Einheit zu sein, die vor ein paar Jahren geboren wurde und in ein paar Jahren sterben muss, dann kann ich die unzähligen Gedanken, die auf diesen Glauben gründen, nicht daran hindern, aufzusteigen. Bemühe ich mich, sie daran zu hindern, dann werde ich innerlich immer mehr unter Druck geraten und möglicherweise im Gefängnis oder einer Anstalt enden. Solange ihre Wurzel nicht durchtrennt worden ist, gibt es keine Möglichkeit, diese Gedanken daran zu hindern, aufzusteigen. Wenn ich die Blätter eines Baumes, die meinen Hof verunreinigen, loswerden will, kann ich versuchen, sie eins nach dem anderen zu entfernen – doch im nächsten Frühling werden sie wieder da sein. Die wahre Lösung ist es, den Stamm abzuschneiden oder noch besser, den Baum zu entwurzeln. Die Wurzeln dieser Gedanken und negativen Emotionen liegen in der Vorstellung, dass ich eine persönliche Wesenheit bin, dass ich abgetrennt bin. Der Entwurzelung des Baumes entspricht das Verständnis, dass in meinem tatsächlichen Erleben, dem ewigen Jetzt, eine solche Trennung nicht vorkommt.

Wie vollführt jemand die Bewusstseinsverschiebung, die ihn von der Identifikation mit einer getrennten Persönlichkeit zur Erkenntnis der Wahrheit bringt?

Die Person kann nichts tun, um zu erkennen, dass das „Personsein" unecht ist. Die Person hält beharrlich an ihrer Identität als Person fest, doch es gibt Momente der Freiheit von dieser Identität. Diese Momente bieten die Gelegenheit, auf Abstand zu gehen und einen Blick von der Gegenwärtigkeit zu erhaschen, die wir alle sind – dem Gewahrsein.

Was ist unser kostbarstes Gut? Es ist keines unserer Körperteile. Das wird durch die Tatsache belegt, dass die Menschen bereit sind, sich ein Körperteil amputieren zu lassen, wenn dadurch ihr Leben gerettet wird. Unser kostbarstes Gut ist nicht einmal der Körper in seiner Gesamtheit. Was wir wirklich lieben, ist das Bewusstsein. Die wahre Frage lautet: Befindet sich das Bewusstsein im Körper oder befindet sich der Körper im Bewusstsein? Unsere Umgebung, unsere Lehrer und der vorherrschende Materialismus haben uns zu glauben konditioniert, dass unser Körper in der Welt und unser Gehirn im Körper ist und dass das Bewusstsein eine Funktion des Gehirns ist. Vom Gesichtspunkt der Nicht-Dualität aus gesehen erhalten wir genau das umgekehrte Bild: die höchste Realität ist das Gewahrsein, innerhalb dessen sich die mentale Ebene befindet. Der Körper, die Gedanken und der Rest des Universums erscheinen alle im Mentalen. Wie kann ich nun entscheiden, welche dieser zwei Positionen wahr ist? Unser logischer Apparat, das Mentale, muss begreifen, dass diese Frage von ihm nicht entschieden werden kann. Wähle ich eine dieser Positionen zu Ungunsten ihres Gegenteils, dann ist das eine Überzeugung, ein Glaubensakt. Ist mir das klar, dann bin ich dadurch schon von dem Konzept befreit, in der Welt zu sein, mein Körper zu sein. Ich verstehe, dass die Existenz in der Welt auf einem Glaubensakt beruht und nicht die absolute Wahrheit ist. Nun bin ich für die andere Möglichkeit offen. Das Mentale kann keine Entscheidung fällen, es kennt nur das, was sich innerhalb von ihm selbst befindet. Das, was jenseits des Mentalen ist, kann von ihm nicht gewusst werden. Es kann nichts anderes tun, als zu verstehen, dass es keine Entscheidung fällen kann. Wenn es versteht, dass es die letztendliche Antwort nicht finden kann, wird es ruhig. Diese Stille gibt unserem wahren Wesen die Möglichkeit, uns zu ergreifen. Wir können es jedoch nicht ergreifen. Wir können nur offen sein und es willkommen heißen.

Seit ein paar Monaten habe ich abends vor dem Schlafengehen meditiert. Ich habe mir gesagt: „Ich bin nicht mein Körper, ich bin nicht mein

Verstand", und darüber nachgedacht. Dann erhebt sich die Frage: „Wer bin ich?" Mit einem Kreischen bleibt alles stehen, und das ist ziemlich schockierend. Mein Verstand kann sich keinen Reim darauf machen und ich habe es nicht geschafft, darüber hinaus zu gehen. Ich erkenne klar, dass ich nicht mein Verstand, mein Körper oder meine Gefühle bin, aber wenn es zum „Wer bin ich?"-Teil kommt, ist da nur ein großes Garnichts. Das ist, als gäbe es da überhaupt nichts, und das erlebe ich als sehr schockierend. Mein Verstand kann es einfach nicht fassen. Und Sie sagen nun, wenn das Mentale begreift, dass es das nicht begreifen kann, öffnet sich etwas anderes?

Im Verlauf des Prozesses, den Sie gerade beschrieben haben, schließen Sie alles aus, was Sie nicht sind – aber da arbeitet weiterhin eine Dynamik in Ihnen. Sie beginnen diesen Prozess mit einem Ziel im Sinn. Es ist zwar das höchste Ziel, nämlich, Ihre wahre Natur zu verwirklichen, doch trotz alledem ein Ziel. So lange die geringste Spur von Absicht in Ihnen vorhanden ist, bleibt die Tür geschlossen. Das ist auch der Grund, warum es ohne Hilfe so schwer ist, das Meditieren zu lernen und zu verstehen, und warum es ohne eine wirkliche Begleitung so schwer ist, die richtige Haltung eines offenen Empfangens einzunehmen.

Ich habe einen Freund, der in Europa lebt. Ich bin ihm nie begegnet, aber wir schreiben uns über das Internet, und er stellt mir Fragen, die ich zu beantworten versuche. Er wollte die korrekte Haltung erfahren, um wissentlich die Wahrheit zu sein. Das kann nur mit Worten so gut wie gar nicht vermittelt werden. Schließlich empfahl ich ihm nach einigem Hin und Her, den Vorträgen eines lieben Freundes von mir, der in seinem Land Dialoge anbietet, beizuwohnen und einfach in seiner Gegenwart zu sitzen. Dadurch würde er es lernen, denn in der Gegenwart eines Menschen, der vom Ego befreit ist, nehmen wir spontan und ohne es zu wissen die richtige Haltung ein und werden dadurch frei. Jemand, der von der Vorstellung, eine persönliche Wesenheit zu sein, befreit ist, kennt keine räumlichen Grenzen mehr. Er lebt in der Ausdehnung, in offener Empfänglichkeit, und wenn das Gewahrsein in Ihnen mit seinen subtilsten Antennen dieses Feld der Empfänglichkeit ortet, beginnen Sie, sich zu öffnen. Ihr eigener Raum beginnt sich auszudehnen. Zuerst nehmen Sie es vielleicht gar nicht wahr. Nach meiner ersten Begegnung mit Jean Klein hatte ich nicht das Gefühl, dass er „ein verwirklichter Mensch" war. Ich dachte: „Was für ein netter Herr! Was für ein guter Freund er sein könnte!". Sie werden also nicht gewaltsam ergriffen. Sie werden durch die offene Einladung ergriffen. In dieser Offenheit haben Sie keine Angst – Sie fühlen sich ganz und gar angenommen. Nichts an Ihnen wird beurteilt oder bewertet. Wenn Sie diesen Menschen wieder verlassen, bleibt Ihnen der Duft dieser Gegenwart und Sie wissen, wie Sie meditieren können. Dieser Duft des Willkommens ist alles, was Sie brauchen. Während Sie zuhörend präsent sind, schweifen Sie nicht ab. Sie wissen gar nichts. Jegliche Unruhe kommt zu einem Ende. Dann ereignet sich eine Entfaltung. Sie werden mehr und mehr zum Teil dieser Entfaltung und eines Tages fällt dieses klebrige kleine Ding, das Sie für sich selbst gehalten haben, wie ein Zecke einfach ab. Dann entdecken Sie Ihre Schönheit, Ihre Ewigkeit. Sie kennen und sind das, was Sie wirklich ersehnt haben. Es ist jenseits von Plus oder Minus. Es ist jenseits aller Maßstäbe – absolut! Das sind Sie. Sie sind jene Schönheit.

Es ist ironisch, dass der Fortschritt zum Bewusstsein hin unbewusst geschieht. Es entfaltet sich langsam ohne unser Wissen.

Der mentale Bereich weiß es nicht, aber es ist nicht unbewusst. Würden Sie behaupten, dass es dem Fisch nicht bewusst ist, im Wasser zu sein?

Er weiß es.

Wenn er aus dem Wasser genommen wird, weiß er es als objektive Wahrnehmung. Während seines Aufenthalts im Wasser, seines natürlichen Zustands also, ist er sich der Gegenwart des Wassers nicht objektiv bewusst. Das ist auch nicht nötig, da er ja eins mit ihm ist und sein Glück verspürt. Wie wissen Sie, dass

Sie glücklich sind? In dem Moment, wo Sie sagen „Ich bin glücklich“, sind Sie es schon nicht mehr. Wenn Sie glücklich sind, wissen Sie es, aber Sie wissen es nicht objektiv. Sie wissen es nicht auf die gleiche Art, wie Sie wissen, was Sie zum Frühstück gegessen haben. Irgendwie wissen Sie es, aber auf einer anderen Wellenlänge. Diese Wellenlänge ist sehr wichtig. Die Wellenlänge, auf der Sie wissen, dass Sie glücklich sind, ist die gleiche, auf der Sie sich selbst erkennen. Finden Sie diese Wellenlänge. Anders ausgedrückt: Wenn Sie glücklich sind, dann lassen Sie sich wissen, dass dieses Glücksgefühl von Ihrem wahren Selbst und nicht von irgendeiner Sache, einem Objekt, oder einer Person ausgeht. Mehr brauchen Sie nicht. Sie müssen nicht alles verstehen, was hier gesagt wird. Sie brauchen nur eine Sache zu verstehen, also nehmen Sie diese eine Sache, und alles wird gut sein. Das nennt man den Pfad des Glücks.

Wie kann ich dort hinkommen, wenn nicht durch Meditation und die Entdeckung meines wahren Selbst?

Es gibt tausend und eine Art, zu meditieren. Wenn Sie diese Frage stellen, weiß ich also nicht, was Sie meinen.

Ich weiß nur, was ich hier gelernt habe. Mir ist das alles neu.

OK.

Was ich gerade lerne ist, nur zu versuchen, meinen Verstand locker zu lassen. Ich weiß noch nicht wirklich genug, um Ihnen ein Beispiel zu geben.

Es gibt nur einen Weg dorthin, und der besteht darin, es zu begehren. Wenn es Sie nicht danach verlangt, werden Sie es nicht bekommen und werden nicht frustriert sein. Wenn Sie es allerdings begehren, wird es seinen Weg zu Ihnen finden, denn in diesem Begehren ist schon die Erfüllung allen Begehrens enthalten. Wenn Sie dieses Glück begehren, für das es keine Ursache gibt und das von keinem Objekt ausgeht, dann lassen Sie sich von Ihrem Begehren leiten.

Muss ich nicht irgendwelche Bücher lesen oder einen Meister finden, um dieses Begehren zu wecken? Es sollte nicht nur ein Konzept sein. Zu glauben, dass ich nicht mein Körper, meine Perönlichkeit oder meine persönliche Geschichte bin ist eine Sache, aber die andere ist, dass ich es erleben möchte. In der Gegenwart eines charismatischen Meisters zu sein, wird mich entweder dort hinbringen oder mich in einer Sekte festsitzen lassen. Ich hätte die Hilfe zwar gerne, kann mir aber nicht vorstellen, dass ich allein mit meinen Büchern losgehe, in einer Höhle sitze und ein wahnsinniges Begehren verspüre.

Vielleicht wird das Leben Ihnen nicht Recht geben. Wenn Sie die Wahrheit finden wollen, dürfen Sie nichts ausschließen. Überlegen Sie zweimal, bevor Sie sagen: „Ich werde es dort nicht finden." Das Verlangen nach der Wahrheit, das aufgrund eines kurzen Einblicks in sie entsteht, kommt nicht aus der Person. Es hat seinen Ursprung in der Gnade. Es scheint, als sei da eine persönliche Wesenheit, die es nach der Wahrheit verlangt und die sich ihr auf einem allmählichen Pfad annähert. Doch in Wirklichkeit war die Wahrheit von Anbeginn da – sie ist den ganzen Weg lang da, wie auch an seinem Ende. Die Wahrheit ist – vor dem Anbeginn und nach dem Ende. Es gibt nur die Wahrheit. Es gibt nichts als Gnade. Wenn Sie das einmal verstehen, suchen Sie sie nicht mehr in der Zukunft oder der Vergangenheit, denn sie ist hier und jetzt. Ihre jetzigen Empfindungen, Ihre jetzigen Gedanken und Ihre jetzigen Wahrnehmungen entspringen Ihrem Gewahrsein, sie ruhen in Ihrem Gewahrsein und fallen zurück in Ihr Gewahrsein. Die Substanz, aus denen sie bestehen, ist Ihr Gewahrsein. Alles ist also Ihr Gewahrsein. Alles ist Sie – alles was Sie sehen, alles was Sie verstehen. Sie sind das Material, aus dem das Universum gemacht ist. Und – es wird in der Gegenwart erschaffen. Es wurde nicht in der Vergangenheit erschaffen. Alles wird von Augenblick zu Augenblick immer neu erschaffen. Wie ein Feuerwerk, so ist dieses Universum eine Feier und Sie sind der Zuschauer, der die ewige Silvesternacht Ihrer eigenen Herrlichkeit betrachtet.

Eine Frau sprach darüber, dass es sie beunruhigt, wenn sie einen bestimmten Punkt erreicht. Andere haben ihr Erschrecken beschrieben, das auftritt, wenn sie kurz davor sind, sich diesem Gewahrsein zu öffnen. Was verursacht diese überwältigenden Reaktionen?

Das sind Gelegenheiten, bei denen Sie die Möglichkeit haben, zu erkennen, was Sie nicht sind – das Ego. Das Ego ist kein einzelner Gedanke, es ist ein sich wiederholendes Gedankenmuster, das es wie Yoghurt in verschiedenen Geschmacksrichtungen gibt, wie zum Beispiel: Ich bin eine Mutter, ich bin ein Vater, ich bin mein Körper. Das Ego besteht auch aus Gefühlen wie zum Beispiel Angst, Langeweile, Unzufriedenheit und dem Empfinden, Mangel zu leiden. Wenn Sie Langeweile verspüren, berühren Sie die Spitze des Eisbergs. Heißen Sie dieses Gefühl dann willkommen, erreichen Sie dadurch, dass es sich in Angst oder gar Panik verwandelt, tiefere Gewässer. Bleiben Sie in Ihrer einladenden Haltung. Das ist ein Test für die Intensität Ihres Verlangens nach der Wahrheit. Der Punkt wird kommen, wo Ihr Verlangen nach der Wahrheit so mächtig wird, dass Sie bereit sind, dafür zu sterben. Mit der Bereitschaft, alles aufzugeben, verschwindet die Angst augenblicklich und das ewige Bewusstsein enthüllt sich in all seiner Pracht. Damit finden das Ego und die ihm zugehörigen Probleme ihr Ende.

Sie sprechen über das Selbst und auch über das Bewusstsein. Gibt es irgendeine Trennung zwischen dem Selbst und dem gesamten Bewusstsein? Ist irgendein Teil des Bewusstseins separat? Sind wir wiedergeboren? Besitzen wir neben dem Gesamtbewusstsein eine Persönlichkeit?

Sie wissen, dass Sie bewusst sind, aber Sie wissen noch nicht, dass dieses Bewusstsein, welches Sie sind, die Begrenzungen Ihres Körper-Geistes überschreitet. Wir alle teilen dieses Bewusstsein. Es ist unser gemeinsames Gut. Sie brauchen nichts anderes zu tun, als dieser Möglichkeit gegenüber offen zu sein. Solange Sie ein Ego bleiben wollen, werden Sie es bleiben. Seien Sie glücklich darüber, wenn Sie es können. Doch es könnte eine Zeit kommen, wo Sie Unzufriedenheit verspüren und verstehen werden, dass genau dieser ständige Drang, das Vergnügen zu suchen und den Schmerz zu vermeiden, Sie im Elend festhält.

Kapitel 7

Ein wahrer Meister hält sich nicht für einen Meister

Wie kann ein Suchender wissen, dass er einem authentischen Meister begegnet ist und nicht einfach jemandem, der eine neue Philosophie oder die Neuversion einer alten anbietet?

Zunächst wird da die Intuition sein, dass dieser Mensch derjenige sein könnte, den er gesucht hat, um ihn auf dem Pfad zu unterstützen. Zu irgend einem Zeitpunkt wird durch die Worte und Gesten des Meisters, den Tonfall seiner Stimme und den Blick seiner Augen und, noch wichtiger, durch seine stille Gegenwärtigkeit (weil alles an einem wahren Meister von der Wahrheit spricht, aus der Wahrheit kommt und die Wahrheit einlädt) eine Verschmelzung im Herzen stattfinden, die in dem Suchenden die völlige Gewissheit weckt, dass er denjenigen gefunden hat, den er suchte. In dieser wahren Begegnung mit seinem Meister begegnet er der grundlegenden Freundlichkeit und Intelligenz, die ihnen beiden gemeinsam ist – er begegnet sich selbst.

Ein wahrer Meister hält sich nicht für einen Meister. Er behauptet nicht, anders zu sein als der Suchende. Er versucht nicht, ihn zu manipulieren. Er gibt ihm ein Gefühl von erweiterter Freiheit und größerer Autonomie. Er ist keine Vaterfigur, er versucht nicht, den Suchenden zu bekehren. Sein Verhalten ist ein vollkommenes Beispiel von Demut und Hingabe an die Wahrheit.

Mehr als seine Worte es je vermögen, überzeugen seine Demut und seine echte Unschuld den Suchenden tief im Herzen, dass er den Meister gefunden hat, nach dem er suchte.

Wie kann man wissen, dass man sich in der Gegenwart eines nicht-authentischen Meisters befindet?

Wenn es da einen Mangel an Klarheit gibt, wenn der Meister persönliche Emotionen und Gefühle zeigt, wie zum Beispiel die Verhaftung an seine Schüler, dann können Sie es wissen. Ich habe eben gesagt, dass in der Gegenwart des Meisters eine Verschmelzung im Herzen stattfinden muss, um absolute Gewissheit über seine Authentizität zu haben. Mit „Verschmelzung im Herzen" meine ich keinen emotionalen Zustand wie zum Beispiel die Zustände, die auf dem Pfad der Hingabe erlebt werden können, sondern ein Nicht-Ereignis, das der völligen Klarheit des Geistes entspringt. Das kommt als Erstes. Dann – und nur dann – erfolgt eine Verschmelzung im Herzen. Ohne diese Klarheit gibt es immer noch eine Beziehung zwischen zwei Menschen – dem Meister, der vielleicht ein heiliger Mann, aber trotzdem nur ein Mensch ist, und dem Suchenden, der solange ein Suchender bleiben wird, wie der Meister ein Mensch ist. Und das kann lange dauern.

Ist es notwendig, intelligent zu sein, um das Höchste zu verwirklichen?

Es ist nötig, höchst intelligent zu sein. Doch das, was ich mit höherer Intelligenz bezeichne, ist etwas anderes als die gewöhnliche Intelligenz. Die gewöhnliche Intelligenz ist eine Fähigkeit des Gehirns, die es dem Individuum, welches sie besitzt, zum Beispiel ermöglicht, an einer guten Universität einen Doktoranden-Abschluss zu machen. Sie beinhaltet die Fähigkeit, mit komplexen und abstrakten Fragestellungen, die eine Menge an Einzelinformationen mit sich bringen, logisch umzugehen. Sie ist eine Funktion des Gehirns.

Höhere Intelligenz dagegen hat ihren Ursprung in der höchsten Intelligenz, unserem wahren Wesen. Sie befähigt uns, Einfachheit und Einheit zu verstehen. Die gewöhnliche Intelligenz ist ein Deduktionsprozess innerhalb der Zeit; die höhere Intelligenz ist eine blitzschnelle Intuition, die direkt aus der Zeitlosigkeit kommt. Ein sehr einfacher Mensch kann die Wahrheit wissen, ein hochgebildeter Mensch dagegen kann es versäumen, sie zu erkennen.

Werden die höheren Gedankengänge vom Zustand des Körpers, von Drogen, Krankheit oder der Ernährung beeinflusst?

Ihr Ursprung wird davon nicht berührt, doch die Gedankengänge selber könnten beeinflusst werden. Für die Suche nach der Wahrheit, diese Erforschung über unser wahres Wesen, ist ein sehr scharfer Verstand vonnöten. Der Gebrauch oder Missbrauch von Drogen oder Alkohol kann die natürliche wache Aufmerksamkeit des Mentalen beeinträchtigen.

Wenn jemand ernsthaft auf der Suche ist, wird er notwendigerweise seine Essgewohnheiten ändern?

Wahre Intelligenz schließt nichts aus. Sie bezieht sich auf unser gesamtes Leben. Sie beeinflusst alles, auch die Art wie wir lächeln oder essen. Diese Veränderungen unserer Gewohnheiten ergeben sich aus unserem Verstehen. Die Körper-Mental-Einheit ist unser Instrument, unser Fahrzeug. Wir müssen uns gut um es kümmern und ihm den richtigen Brennstoff zuführen.

Was ist die Bedeutung der vegetarischen Ernährungsweise?

Wenn wir glauben, dass eine Veränderung unserer Essgewohnheiten uns näher an die Wahrheit bringt, spiegelt das ein Missverständnis...

Natürlich, aber ich habe doch das Gegenteil gemeint...

Wenn sich aufgrund unseres Verstehens die Gewohnheiten ändern, dann ist das eine andere Sache. Diese Einsicht entsteht dadurch, dass wir die Dinge sehen, wie sie sind. Wenn wir uns mit unseren Tiergefährten eins fühlen, verbietet uns unser Mitgefühl, zu ihrem Leiden beizutragen. Oder wir bemerken, dass jemand, dem wir vertrauen – vielleicht ein spiritueller Freund – auch Vegetarier ist. Da wir aufgeschlossen sind, versuchen wir vielleicht diese neue Diät, und beobachten gleich nach dem Essen oder auch langfristig, wie sie auf unseren Körper wirkt. Vielleicht bemerken wir, dass die Farbe und Beschaffenheit unserer Haut oder das Gefühl von Schwere oder Leichtigkeit in unserem Körper sich ändern. Wir können auf diese Weise experimentieren und uns selbstständig entscheiden.

Viele Menschen werden, wenn sie ihr eigenes Wesen zu erforschen beginnen, von der Idee der Wiedergeburt angezogen. Könnten wir diese Frage genauer betrachten?

Wer soll da wiedergeboren werden? Das Ego?

Sie würden sagen, ja, die Person, der Verstand.

Ich würde vorschlagen, dass sie sich fragen „Wer ist da?" – das heißt „Wer bin ich?", und herausfinden, ob es da eine Wesenheit gibt, die irgendwann wiedergeboren werden kann. Die Wiedergeburt ist für den Idealisten, was der Tod für den Materialisten ist. Die Frage des Materialisten: „Was ist der Tod?" können wir mit der Gegenfrage beantworten: „Wen gibt es, der sterben könnte?" Genauso fragt sich der Idealist, der den Körper als Teil des Geistes versteht und glaubt, dass der Geist nicht unbedingt gemeinsam mit dem Körper stirbt: „Wie kann ich diesem endlosen Kreislauf von Geburt und Tod entrinnen?" Dieser Frage können wir mit der Gegenfrage begegnen: „Wen gibt es, der diesen Wiedergeburtsprozess durchmachen könnte?"

Die Antwort, die lebendige Antwort auf diese Fragen führt den Suchenden zu der Einsicht, dass das Ego nichts als eine Illusion ist. Er befindet sich dann jenseits des Todes und des schrecklichen Kreislaufs von Geburt und Tod.

Wenn die Vergangenheit nicht wirklich existiert, was ist dann das Wesen der Erinnerung?

Die Erinnerung besteht aus den Aufzeichnungen vergangener Ereignisse – aus Objekten. Eine persönliche Erinnerung oder ein Rückblick sagt uns, dass wir während eines vergangenen Ereignisses als Gewahrsein gegenwärtig waren. Dasselbe Bewusstsein hat das vergangene Ereignis beobachtet und beobachtet jetzt den Rückblick darauf. Der Rückblick bestätigt im Grunde nur die Wirklichkeit des Gewahrseins, der unveränderten Präsenz hinter den vergänglichen Ereignissen. Wenn wir das verstehen, erkennen wir den Zeitraum zwischen dem vergangenen Ereignis und dem jetzigen Rückblick darauf als Gewahrsein. Und wenn wir glauben, dass die Ereignisse unabhängig vom Gewahrsein existieren und daraufhin das Gewahrsein mit dem Erscheinen irgendeines Objekts, einer Körper-Mental-Einheit gleichsetzen, erscheint es uns, als ob das zeitliche Intervall unabhängig vom Gewahrsein eine Wirklichkeit besitzt. Die nennen wir Zeit. Um es zusammenzufassen: Wenn wir Objekten, also einer äußeren Welt Wirklichkeit verleihen, erscheint uns die Zeit als der Zwischenraum zwischen zwei Ereignissen; wird hingegen das Gewahrsein als real erkannt, dann gibt es keine Zeit, nur Gewahrsein.

Wenn es nur die Gegenwart und nur die augenblicklich erscheinenden Gedanken gibt, welche tiefere Bedeutung haben dann einige Gedanken, die ab und zu auftauchen und sich als Erinnerungen, als Rückblicke auf etwas darstellen, was zu irgendeinem vergangenen Zeitpunkt geschehen ist?

Sie haben keine Bedeutung. Zeit und Raum sind Teil der Schöpfung dieser Welt der Illusion. Man könnte genauso gut sagen, dass sie die Bedeutung haben, das Höchste zu feiern.

Die Tatsache, dass manche Gedanken als Erinnerungen erscheinen, ist also einfach nur ein Teil dieses gewaltigen Kunstwerks?

Genau. Es ist ein riesiges Kunstwerk, sehr gut ausgedacht, aber trotzdem ein Kunstwerk. Auch unsere Träume sind sehr gut ausgedacht, sehr entwickelt.

Das ist wahr. Tatsächlich haben wir in Träumen Erinnerungen, die, wie wir beim Erwachen sehen, nie passiert sind.

Genau. Während der Zeitspanne eines Traumes, die aus der Sicht des Wachzustandes nur ein paar Minuten dauert, können wir von Ereignissen träumen, die im Traum angeblich vor zwanzig Jahren passiert sind. Wenn wir aufwachen, wird augenscheinlich, dass diese Ereignisse gar nicht die Raumzeit-Ausdehnung zur Verfügung hatten, um wirklich passiert zu sein – dass sie also nichts als Illusionen sind.

Die christliche Kirche hält Armut für eine Tugend. Gibt es einen Zusammenhang zwischen Reichtum, Armut und der Verwirklichung?

Meister Eckhart, der ein Christ war, lehrte, dass spirituelle Armut, also wahre Armut, in der Freiheit vom Ich-Konzept besteht. Diese wahre Armut, die sich auf das Verstehen gründet, befreit uns von der Verstrickung. Das Problem besteht im Ich-Konzept mit seinem Schwanz von Ängsten, Begierden und Verhaftungen, nicht in unseren materiellen Besitztümern.

Krishnamenon, ein großer Lehrer dieser Sichtweise, hat die Sprache als die Kunst definiert, Gedanken zu verbergen und Gedanken als die Kunst, die Wahrheit zu verbergen. Könnten Sie mehr zu diesen Definitionen sagen?

Wir könnten eine Analogie erstellen, in der die Wahrheit dem nackten Körper entspricht, das Denken einer ersten Schicht von Kleidern, die den Körper bedecken, und die Worte einer zweiten Schicht von Kleidern, welche Gedanken und Körper verdecken.

Natürlich laufen wir Gefahr, die Erscheinung, die äußerste Schicht für die Wirklichkeit, für den Körper zu halten. In diesem Sinne können Gedanken und Worte unsere Aufmerksamkeit von der Wahrheit ablenken.

Es gibt aber auch Worte und Gedanken, die unsere Aufmerksamkeit auf die Wahrheit richten. Diese Worte und Gedanken können mit den Kleidern verglichen werden, die eine schöne Frau trägt und die ihren Körper noch anziehender machen, indem sie die Aufmerksamkeit auf ihre harmonischen Formen richten. Die Wahrheit ist immer gegenwärtig, aber wir können ihre Gegenwart vergessen, und diese Art von Worten und Gedanken erinnert uns an sie. Solcherart sind die Worte des Meisters: Sie deuten direkt auf die Wahrheit. Sie entstammen der Schönheit, sie deuten auf die Schönheit und haben die Kraft, uns zurück zu ihrer Quelle zu führen.

Was ist das Wesen der Gefangenschaft? Wer wird gebunden? Wer bindet ihn?

Gefangenschaft besteht darin, dass man sich selbst für jemanden hält, der gefangen ist, eine begrenzte Wesenheit.

Es kommt mir unglaublich vor, dass so etwas Einfaches wie ein Mensch, der sich für gefangen hält, diese gewaltige Erfahrung hervorbringen kann, die wir Leben nennen.

Sich selbst für gefangen zu halten, bringt kein Leben hervor. Das Leben bezieht seine Existenz aus sich selbst. Es ist autonom. Sich selbst als eine Person zu sehen, ist die Ursache für unser Elend.

Aber bringt das Leben nicht die Erfahrung hervor, sich als ein Individuum zu fühlen, das in die Welt ausgesetzt ist?

Ja, aber unsere Erfahrung, das Leben selbst, wird nicht von der Person hergestellt. Die Person ist ein Teil des Bildes, und wie jedes Element in dem Bild kann sie da sein oder auch nicht. Man könnte vielleicht denken, dass das Bild ohne sie besser aussähe, aber man ist nicht derjenige, der das Bild malt.

Warum benutzt ein Weiser sein Wissen nicht, um auf offensichtliche und offene Art für das Wohlergehen der Menschheit zu arbeiten?

Alle Weisen arbeiten für das Wohl der Menschheit. Sie hängen das nur nicht an die große Glocke. Sie brauchen keine Anerkennung. Wir wissen nicht, dass sie Weise sind. Nur wenige werden öffentlich zu Wahrheitslehrern. Ein Weiser übt durch seine bloße Gegenwart, durch die Übermittlung der höchsten Wahrheit den wirksamsten, mächtigsten Einfluss auf den Rest der Menschheit aus. Er ist wie ein Leuchtturm in der Nacht, eine Flamme, welche die Welt erhellt.

Welche Bedeutung und welchen Zweck hat die Hingabe im Umfeld der Wahrheitssuche?

Die Menschen glauben oft, dass Hingabe bedeutet, auf Wohlstand, Sexualität oder Gegenstände zu verzichten. Solch ein Verzicht kann hilfreich, aber auch ein Hindernis sein. Wahre Hingabe findet statt, wenn wir aufhören, uns selbst für eine begrenzte Wesenheit, ein Objekt zu halten. Dieser Verzicht scheint auf den ersten Blick begrenzt und zu einfach zu sein, ist aber tatsächlich die höchste Hingabe. Solch ein Aufgeben hat kein Ziel, es entspringt dem tiefen Verständnis, dass unser wahres Wesen, das Bewusstsein, frei von allen Begrenzungen ist. Aus dieser Sicht bedeutet Hingabe, die Begrenzungen als das zu sehen was sie sind: bloße Konzepte, die unser wahres Sein, welches grenzenlos ist, überlagern.

Es ist für einen Menschen wohl einfach, eine Idee, einen Besitz oder die Gelegenheit zu einer Erfahrung aufzugeben. Das sind leichte Dinge, weil er in diesem Fall eine Wahl hat. Doch sich selbst aufzugeben ist von anderem Kaliber, und es kommt mir vor, als ob das absolut nicht leicht ist. Das kann

nicht auf die gleiche Art getan werden wie die anderen Dinge.

Natürlich – der Mensch kann sich nicht selbst aufgeben. Er ist immer auf der Suche nach irgendetwas. Er möchte tauschen...

Ein Geschäft machen?

Ein Geschäft machen. Der Mensch ist bereit, seinen Wohlstand oder was auch immer für ein höheres Gut aufzugeben, aber er kann sich selbst nicht einfach aufgeben. Wahre Hingabe entspringt aus der Liebe, aus der Gnade, aus einem Einblick in das Höchste. Dann wird alles andere, was nur als Modalität, als Aspekt des Höchsten wichtig ist, relativ. Aus dieser Perspektive ist die Hingabe unser natürlicher Zustand, die Abwesenheit eines Besitzers. Hingabe bedeutet wortwörtlich, alles hinzugeben – jedes Objekt. Diese Hingabe meint Meister Eckhart, wenn er sagt, dass ein Mensch, der „arm im Geiste" ist, nichts besitzt, nichts braucht und nichts weiß.

Wie unterscheidet sich das direkte Zuhören in der Gegenwart eines Weisen vom Lesen seiner Schriften oder Worte? Wie würden Sie den Unterschied beschreiben? Diese Frage ist wichtig für Wahrheitssucher, die keinen Zugang zu einem Weisen haben, oder glauben, dass sie ihn nicht hätten.

Worte können missverständlich sein. Wenn die Worte eines Weisen empfangen werden, ohne dass er selbst präsent ist, muss der Leser sie in Konzepte verwandeln, weil er keine andere Art kennt, etwas zu verstehen. Er wird Konzepte aufstellen, die subtiler und gewissermaßen näher an der Wahrheit sind. Doch in den meisten Fällen ist für die Praxis, für einen Blick auf die Wahrheit selbst zu Beginn ein Weiser nötig. In seiner Gegenwart kommt das Erstellen von Konzepten zu einem Ende und wird durch die Erfahrung ersetzt. Im Anschluss an diese Erfahrung wird der Suchende immer, wenn er die Worte des Weisen liest oder sich einfach nur an seine Gegenwart erinnert, zu der zeitlosen Erkenntnis zurückversetzt, die er während der ersten Begegnung hatte. Die Worte beziehen sich nicht länger auf etwas Unbekanntes. Obwohl er dieses „Etwas“ mit seinem Verstand weder begreifen noch visualisieren kann, deuten die Worte in die Richtung dessen, was er nun als seine eigene Wirklichkeit, seine intime Erfahrung kennt.

Wie kommt das?

Weil er es jetzt kennt. Jean Klein benutzte das folgende Beispiel: Wenn du noch nie eine Mango gegessen hast, ruft das Wort Mango kein Geschmacksgefühl in dir wach. Beschreibt dir jemand den Geschmack einer Mango als dem eines süßen Pfirsichs oder einer Aprikose ähnlich, dann bekommst du ein genaueres Bild von einer Mango, als wenn du sie dir wie eine Karotte vorstellst. Doch es ist immer noch ein Konzept. Erst wenn du einmal die echte Frucht geschmeckt hast, weißt du Bescheid.

Ist es möglich, den Zwischenraum zwischen zwei Gedanken oder zwei Wahrnehmungen klar zu sehen, und wenn ja, kann dieser Zwischenraum verlängert werden?

Ist es möglich, diesen Zwischenraum zu sehen? Ja. Es ist nicht möglich, ihn als ein Objekt zu sehen, doch man kann in ihm sein, in ihm lebendig sein. Ist es möglich, ihn zu verlängern? Hier entsteht ein Missverständnis, denn dieser Zwischenraum findet nicht in der Zeit statt. Wie kann das Zeitlose verlängert werden? Die Frage basiert auf dem Verlangen, ein angenehmes Erlebnis, ein Samadhi zu verlängern. Solcherart sind die Ziele eines Yogi, dessen Job darin besteht, alle mentalen Aktivitäten zum Stillstand zu bringen, um den Frieden zu erleben, welcher mit einem solchen Stillstand einhergeht. Das Problem ist, dass er am Ende seines Samadhi herausfinden möchte, wie er es wiedererlangen und länger in ihm bleiben kann. Diese Art zu denken und zu handeln macht ihn zum Gefangenen in den Ketten der Zeit.

Also selbst die Vorstellung eines Zwischenraums ist hier falsch. Bei einer Folge von Gedanken mit Zwischenräumen würde es sich um eine zeitliche Abfolge handeln, welche ein Missverständnis ist.

Ja, genau.

Da ist kein Zwischenraum.

Zeit ist die Grundsubstanz des Mentalen, genauso wie Raum-Zeit die Grundsubstanz des physischen Körpers und der Welt ist. Aus der Sicht des Mentalen ist dieser Zwischenraum der Abstand zwischen zwei Denkvorgängen; aus der Sicht des Abstandes selbst ist er der stille Hintergrund, unsere zeitlose Gegenwärtigkeit. Aus der Sicht der Zeit hat dieser Zwischenraum einen Anfang und ein Ende, also eine angebliche Dauer, die zur Frage über seine Verlängerung Anlass gibt. Wenn sich Teppiche und Möbel auf dem Fußboden befinden, sehen wir auf den ersten Blick verschiedene Objekte mit Fußbodenstücken dazwischen. Schauen wir jedoch genauer hin, dann zeigt sich, dass ein einziger Fußboden all diesen Objekten als gemeinsamer Untergrund dient.

Die Existenz eines Zwischenraums zwischen den Gedanken wird offensichtlich, wenn wir darauf aufmerksam machen, dass die Gedanken ja gar nicht fortlaufend da sein können. Wären sie das, so gäbe es keine vielen, sondern einen langen Gedanken. Jeder Gedanke hat also einen Anfang und ein Ende. Die Tatsache, dass jeder Gedanke Dauer, Anfang und Ende hat, führt zu der Vorstellung von einem Zwischenraum. Gibt es einen direkteren Weg, diesen Zwischenraum zu erkennen, als diese Diskussion?

Natürlich, denn wir können ihn durch das Diskutieren nicht kennenlernen, sondern höchstens seine Existenz ableiten. Wir können nur sagen: „Es macht Sinn" oder „Warum nicht?". Das allein schon ist wichtig, denn es räumt mit der Vorstellung auf, dass es so etwas wie pures Bewusstsein nicht gäbe. Dann sind wir für die Möglichkeit offen, dass wir als das Bewusstsein zwischen den Denkvorgängen stehen. Doch zwischen der begrifflichen Herleitung seiner Existenz und der wirklichen Erfahrung, das Bewusstsein zu sein, besteht derselbe Unterschied wie zwischen Columbus' Plan, nach Indien zu fahren und der wirklichen Entdeckung von Amerika. Diese Klärung mit Hilfe der Vernunft ist nützlich. Sie löscht die Zweifel im Suchenden aus und öffnet ihn der Möglichkeit, dass es etwas jenseits des Mentalen gibt.

Wenn er dann in der Gegenwart seines Meisters einen Einblick getan hat, verändert sich etwas in ihm. Dann sind die Zwischenräume zwischen den Gedanken nicht länger eine Abwesenheit, ein Garnichts – sie sind schwanger mit unserer Gegenwärtigkeit. Sie sind lebendig, sie besitzen eine unerwartete Fülle. Sie sind das, in was er wirklich verliebt ist.

Wenn sich das Bewusstsein jenseits der Gegensätze befindet und alles, was wir je gekannt haben, im Feld der Gegensätze, im Begrifflichen liegt, wie können wir eine Kenntnis des Bewusstseins erlangen?

Wenn wir sagen, dass alles, was wir je gekannt haben, im Bereich der Konzepte liegt, dann ist das nicht die Wahrheit. Wir haben dem, was wir kennen, einfach ein Netz von Konzepten übergestülpt. Das Problem liegt nicht in dem was wir kennen, sondern vielmehr in den Konzepten, die wir über das haben, was wir kennen. Wenn sich die Wahrheit radikal von uns unterscheiden würde, gäbe es keine Möglichkeit, sich ihr zu nähern. Nichts trennt uns von der Wahrheit außer möglicherweise unsere Vorstellungskraft. Wenn wir aufhören, eine nicht-wirkliche Trennung zu projizieren, entdecken wir, dass es unser Selbst ist, was wir immer schon und wo wir immer schon gewesen sind, und die so genannte Welt nimmt ihren eigenen Platz als Erweiterung des Höchsten ein.

Irgendwie entsteht diese Frage aus dem Wunsch, das Bewusstsein auf der begrifflichen Ebene zu

erkennen, weil wir sonst nicht anerkennen könnten, dass wir es kennen.

Wir möchten es objektiv auf die gleiche Weise kennen wie wir glauben, die Welt oder unseren Körper oder unsere Gedanken zu kennen. In Wirklichkeit kennen wir gar keine Objekte, weil es keine Objekte gibt. Es gibt nur ein Kontinuum des Bewusstseins, es gibt nur ein Ding.

Hat die Kunst irgendeine Funktion im täglichen Leben oder im Streben nach der Wahrheit?

Die Kunst deutet auf die Schönheit; sie spricht zu uns über die Schönheit. Schönheit, Wahrheit und Liebe sind alle dasselbe. Sie sind Merkmale des Höchsten. Die Kunst deutet also auf das Höchste. Das ist ihre Funktion.

Wie macht die Kunst das? Wie kann ein Gemälde oder ein Buch, die ja physische Objekte sind, spezifisch auf das Höchste deuten? Tun das andere Objekte nicht auch?

Schauen wir uns zunächst einmal den zweiten Teil der Frage an. Im Prinzip deutet jedes Objekt auf das Höchste. Doch nicht alle Objekt haben die Funktion, das Höchste zu enthüllen. Anders als die meisten Objekte bezieht sich ein Kunstwerk direkt und spezifisch auf die Schönheit, sozusagen von der Aufgabe her. Es benutzt die fünf Sinne als Medium, sei es das Gehör bei der Musik oder das Sehen bei der darstellenden Kunst (obwohl argumentiert werden könnte, dass ein Kunstwerk faktisch alle fünf Sinne beansprucht, dass ein Gemälde einen Rhythmus und ein Konzert Farbe besitzt). Ein Kunstwerk ist ein physisches, sinnliches Objekt, welches die Macht hat, den Sehenden oder Hörenden zum Höchsten zu bringen.

Wahre Kunst kommt aus dem Höchsten, aus einer Vision, aus dem Geist, wie Beethoven sagen würde; von Gott, wie Bach sagen würde. Natürlich bedarf es technischer Fähigkeiten, um diese Vision in eine physische Form zu verwandeln, sie in eine

Sprache der Sinne zu übersetzen. Wenn wir ihr lauschen, oder sie sehen, beschreiten wir die verschiedenen Stadien in umgekehrter Reihenfolge. Wir bewegen uns von der Nachricht an die Sinne rückwärts zur ursprünglichen subtilen Intuition und von dort zurück zu ihrer Quelle, wo wir uns allein in unserer eigenen Herrlichkeit wiederfinden.

Kapitel 8
Es gibt nichts, was nicht Er ist

Was ist die Erleuchtung?

Die Erleuchtung ist die Erfahrung unseres wahren Wesens, welche durch das tiefe Verständnis dessen, was wir nicht sind, ermöglicht wird. So wie wir in einem Raum, dessen Vorhänge aufgezogen sind um die Sonne hereinzulassen, keine Kerze anzünden müssen, ist in dem Moment, wo die fälschliche Indentifikation mit dem, was wir nicht sind, aufgehoben ist, nichts anderes mehr vonnöten – unser wahres Wesen leuchtet in all seiner ewigen Pracht.

Die Erleuchtung bedeutet also, den Gedanken hinter uns zu lassen, dass wir jemand sind – da das ja in Wahrheit nicht der Fall ist.

Ja. Sie bedeutet, sich als das Bewusstsein zu erkennen und einen Standpunkt einzunehmen, der mit keinem begrenzenden Gedanken oder Gefühl identifiziert ist. Aus der Sicht der Person, von einem relativen Blickpunkt aus gesehen, ist sie ein hypothetisches Ereignis in Zeit und Raum. Doch das ist eine falsche Vorstellung, die von der Person ausgeht. Aus der Sicht des Lichts gibt es nichts als das Licht. Es hat immer nur Licht gegeben und wird immer nur Licht geben. Es ist jenseits der Zeit.

Das scheint ein Paradox zu sein, denn was Sie da sagen, beinhaltet, dass es so etwas wie eine erleuch-

tete Person gar nicht geben kann. Das würde sich selbst widersprechen.

Genau.

Trotzdem habe ich den Eindruck, dass manche Individuen erleuchtet sind und andere nicht. Ist das eine falsche Wahrnehmung?

Natürlich ist das eine falsche Wahrnehmung. Solange Sie sich für eine Person halten, werden Sie überall Personen sehen; einige schön, andere nicht; einige erleuchtet, andere nicht. Doch wenn Sie erst einmal das Selbst verwirklichen, werden Sie das Selbst und nichts als das Selbst sehen, überall. In anderen Worten: Solange sich der Suchende für einen Suchenden, für eine persönliche Wesenheit hält, projiziert er auch auf seinen Meister eine persönliche Wesenheit. Wenn er erkennt, dass er und der Meister eins sind, dann gibt es keinen Suchenden und keinen Meister mehr, nur respektvolle Freundlichkeit und geteilte Freude. Sich die Verwirklichung als ein Ereignis in der Zeit vorzustellen ist ein Hindernis zur Erleuchtung. Auf die Frage: „Wann werde ich die Wahrheit erkennen?" antwortete der Weise Krishnamenon: „Wenn das Wann aufhört."

Die Aussage, dass die Welt und unsere Körper nichts als Illusionen sind, ist für die meisten westlichen Denker ein Schock. Könnten wir das weiter erforschen?

Zuerst müssen wir erkennen, dass der Körper in der Sicht des bezeugenden Bewusstseins ein materielles Objekt wie jedes andere ist. Genau wie die restliche Welt, die wir kennen, wird er aus Sinneseindrücken erzeugt.

Aber es ist nicht ganz richtig, zu sagen, dass der Körper ebenso wie jedes andere Objekt aus Sinneseindrücken besteht. Diese Objekte bestehen aus Materie und werden uns durch die Empfindungen,

die Sinnesorgane, den Verstand und das Bewusstsein enthüllt.

Ja. An dieser Stelle kommt der illusorische Aspekt der Welt ins Spiel. Wenn wir sagen, dass die Welt aus Materie besteht, dann definieren wir sie damit schon als ein Konzept und nicht als die Welt, die wir kennen. Wir ersetzen eine unleugbare Tatsache, unsere sinnliche Wahrnehmung der Welt, durch die nicht zu beweisende Hypothese einer Welt da draußen, die unabhängig von uns existiert.

In der Tat durch ein Konzept von Materie, welches nicht nur unbekannt, sondern un-kennbar ist.

Noch vor dem Konzept der Materie, welches Sache des Physikers ist, gibt es die implizite Vorstellung von einer Außenwelt, welche unabhängig vom Gewahrsein existiert, und auch dann existiert, wenn sie nicht wahrgenommen wird.

Ja, und die Theorie von der Materie ist das formelle Konzept für diese implizite Vorstellung.

Sie ist eine Verfeinerung, eine wissenschaftliche Theorie, die sich das vor-wissenschaftliche Konzept einer Außenwelt zunutze macht.

Sie sagen, dass mit der Vorstellung einer aus Materie bestehenden Außenwelt die Illusion beginnt, wohingegen für den westlichen Denker mit ihr die Vorstellung der Realität beginnt.

Mit ihr mag die Vorstellung der Realität beginnen, nicht aber die Erfahrung der Realität. Wir benötigen keine Vorstellung von der Außenwelt, um zu wissen, dass „wir sind“ und um zu wissen, dass „da etwas und nicht nichts ist“, wie Heidegger sagen würde. Die Wirklichkeit ist die primäre Tatsache, Konzepte sind sekundär. Anders herum zu denken, selbst implizit oder aus Versehen, ist ein großer Fehler. Dann erschafft eine Vorstellung eine illusorische Wirklichkeit. Selbst diese falsche Vorstellung im Verstand des Denkenden ist ein lebendiger Beweis für die Wahrheit, denn da ist etwas und nicht nichts, oder, um Parmenides zu zitieren, da „ist Sein, und Nicht-Sein ist nicht." Aus dieser Perspektive ist alles Wirklichkeit. Jedes Objekt wird in seinem Einssein gesehen, ohne die Vorstellung von einem Subjekt, das ein Objekt betrachtet.

Also wird ein jedes Objekt nicht als Objekt angesehen.

Ja. In den Worten der Sufilehre der Einheit: „Es gibt nichts, was nicht Er ist." Alles ist ein und dasselbe.

Warum ist der feste Glaube an eine äußere Welt so weit verbreitet und so zäh? Warum sind so wenige Menschen in der Lage, ihn zumindest ernsthaft in Frage zu stellen?

Das „Warum" führt uns in die Irre. Wenn wir wissen, warum es so viele Menschen gibt, die etwas anderes denken, bringt uns das nicht einen Millimeter näher an die Wahrheit. Die wahre Frage ist: „Gibt es eine Welt ohne Gewahrsein?" Wenn irgendjemand behauptet, dass es eine Wirklichkeit gibt, die unabhängig vom Bewusstsein existiert, muss er das erst einmal beweisen.

In der psychoanalytischen Theorie hat das Ego die Funktion, den Menschen mit der Realität im Außen zu verbinden. Wir haben gesehen, dass es eine solche Realität gar nicht gibt. Was wird aus dem solchermaßen definierten Ego?

Diese Definition des Ego wird bedeutungslos. Ich würde das Ego als ein Konzept beschreiben, das in der „Ich bin"-Erfahrung seinen Ursprung hat, dem reinen Sein ohne Eigenschaften, unserer absoluten Gewissheit, dass wir existieren. Wenn wir diese Erfahrung begrifflich machen, nennen wir sie „ich" oder „ich bin". An dem reinen Konzept „ich bin" ist nichts falsch. Das Ego kommt in dem Moment dazu, wo wir sagen: „Ich bin dieses oder jenes", „ich bin ein Mann" oder „ich bin eine Mutter". Dadurch wird einem Ereignis, welches bislang grenzenlos war, eine Begrenzung auferlegt. Der erste Schritt bestand in der Schöpfung des „Ich-bin"-Konzeptes, welches sich direkt auf unsere intimste

Wahrnehmung bezieht. Solange dieses Konzept durch nichts ergänzt wird, wie zum Beispiel „ich bin ein Mann", „ich bin glücklich", kann es sich nicht aufrechterhalten und bringt uns zu der „Ich-bin"-Erfahrung zurück.

Das Konzept erscheint also im Bewusstsein...

Es bezieht sich auch auf das Gewahrsein, die Wirklichkeit. Es hat seinen Ursprung in der Wirklichkeit und bringt uns zur Wirklichkeit zurück. Wir bleiben sozusagen zu Hause. Aber in dem Moment, wo wir sagen: „ich bin dieses oder jenes" erschaffen wir eine Trennung in der Realität.

Zwischen dem Ich und dem Nicht-Ich?

Genau, denn wenn ich „dieses" bin, dann bin ich nicht „nicht-dieses". Es gibt dann etwas, das ich nicht bin. Ich habe meinem Sein eine Begrenzung, eine Kontur verliehen. Das Ego ist diese Kontur. Es definiert zwei getrennte Bereiche und erschafft so die Dualität.

Das Ego ist also die erste Unterscheidung, aus der alle anderen entstehen?

Ganz genau. Diese Unterscheidung, das Ego, der dualisierende Gedanke ohne wirkliche Basis erschafft die Vielheit. Das ist eine weiter reichendere Definition des Ego als die der Trennung zwischen Beobachter und Beobachtetem – einer Unterkategorie dieser Definition.

Es kommt mir vor, als wenn mit deiner Definition des Ego zugleich die Welt definiert wird.

Ganz genau. Der Körper-Mental-Komplex und die Welt sind zwei Seiten derselben Münze, künstlich vom dualisierenden Gedanken aus dem, was das Einssein war – und noch ist – erschaffen.

Wie kann ich wissen, dass die Sehnsucht nach der Wahrheit, die ich fühle, nicht das Ego ist, das versucht, in Sicherheit zu bleiben?

Eine echte Sehnsucht für das Höchste, das Nicht-Persönliche kommt nicht aus dem Ego. Wir können fühlen, dass sich unsere eigene Ernsthaftigkeit auf alle Bereichen unseres Lebens bezieht. Sie beschränkt sich nicht auf unser intellektuelles Leben, sondern äußert sich in all unseren täglichen Handlungen und Entscheidungen – in der Art unseres Berufs oder der Art, wie wir unsere Kinder, Ehefrau und Freunde behandeln. Sie übt einen tiefen Einfluss auf uns aus. Unsere eigene Wahrhaftigkeit, unsere Ernsthaftigkeit und unsere Sehnsucht sind uns wohl bekannt.

Ja, das ist wahr, aber ich meinte eigentlich die andere Möglichkeit: Das vom Ego geleitete intellektuelle Bestreben eines Menschen, welches einen großen Teil seines Lebens ausfüllt. Da beginnt jemand plötzlich und scheinbar ernsthaft über diese Fragen zu reden und zu lesen, und sein ganzes Leben wird davon ausgefüllt. Doch in Wahrheit ist es nur ein akademisches Interesse.

Wichtig ist nur die Motivation. Wenn das Absolute selbst die Motivation liefert, dann ist das Streben authentisch. Geht es mir aber darum, viel Geld zu verdienen, als Experte des Nicht-Dualismus anerkannt oder von den anderen bewundert zu werden, wenn also eine persönliche Motivation vorliegt, dann ist da keine Ernsthaftigkeit. Für den Wahrheitsliebenden gibt es nur eine Motivation, die Wahrheit selbst. Diese Motivation wird nicht vom Ego angetrieben. Die Wahrheit zertrümmert das Ego. Wie könnte es das wollen?

Die mentale Ebene entsteht im Gewahrsein, aber das Gewahrsein handelt irgendwie durch das Mentale. Könnten Sie diese Beziehung erklären?

Das Mentale ist ein Konzept, das sich genau wie andere Konzepte auf weitere Konzepte und Wahrnehmungen bezieht. In diesem Fall ist das Mentale eine Art Behälter für alle Denkvorgänge. Es ist kein Organ wie das Gehirn. Es wird nicht fühlbar wahrgenommen. Es ist nichts als ein Konzept. Es gibt also in Wirklichkeit das Mentale gar nicht; es gibt nur ein Konzept des Mentalen. Was gibt es also überhaupt? Da sind nur Gedanken und Wahrnehmungen oder genauer, mentale Ereignisse. Ein mentales Ereignis entstammt dem Gewahrsein und löst sich früher oder später in das Gewahrsein auf. Jedes mentale Ereignis besteht also auf die gleiche Art aus Gewahrsein wie ein goldener Ring aus Gold besteht, irgendwann wieder zu Gold eingeschmolzen wird und immer Gold war. Es gibt also nur das Gewahrsein.

Im Zwischenraum zwischen dem Erscheinen und dem Auflösen findet anscheinend eine Formgebung statt.

Sie können es das Gewahrsein zusammen mit einem Objekt, einer Form oder einem Konzept nennen. Doch es ist und bleibt Gewahrsein. Es gibt nur das Eine. Wo ist jetzt Ihre Frage?

Verschwunden. Wenn es nur das Eine gibt, kann keine Beziehung da sein.

Was würden Sie all denen sagen, die Ihre Perspektive entweder zu theoretisch oder zu schwierig finden, um sie auf ihre Alltagssituationen anzuwenden?

Diese Perspektive ist von allem am wenigsten theoretisch. Theoretisch bedeutet: auf Konzepten basierend. Der Nicht-Dualismus führt zu einem völligen Unglauben allen Konzepten gegenüber, ist also radikal nicht-theoretisch. Der Weise hat kein Interesse an Theorien, seine Sicht ist hochgradig praktisch. All jene, deren Konditionierung sie dazu bringt, die Dinge konzeptuell zu verstehen – die sich also von einem Konzept zum anderen bewegen, finden, wenn sie mit einer nicht-objektiven Perspektive konfrontiert werden, kein Konzept vor, an dem sie sich festhalten können. Für ihre Unfähigkeit zu verstehen, machen sie die Vielschichtigkeit oder die theoretische Natur des Nicht-Dualismus verantwortlich. Ihr einziges Hindernis aber liegt in ihren eigenen Überzeugungen, Theorien und Gewohnheiten, welche sie davon abhalten, ihr eigenes wahres Wesen direkt zu erleben.

Machen Sie sich keine Sorgen, wenn Sie nicht alle Fragestellungen verstehen, die der Lehrer dieser Sichtweise anführt. Sie beziehen sich auf verschiedene Seiten, verschiedene Gesichter derselben Wahrheit. Jeder dieser Pfade führt zum Höchsten. Sie brauchen nur einen von ihnen zu wählen, um dort hinzugelangen und zu bleiben. Wenn Sie sich schließlich in der einzigen Wahrheit eingerichtet haben, finden alle Fragen ihre endgültige Antwort. Wenn wir vom Berggipfel ins Tal schauen, können wir alle Wege sehen, die zum Gipfel führen – denjenigen, den wir gegangen sind und viele andere, die wir hätten gehen können.

Um auf die ursprüngliche Frage zurückzukommen – eine theoretische Herangehensweise führt nie zu einer befriedigenden Antwort auf eine Frage. Auf die Frage: „Warum A?" antwortet der Theoretiker: „Weil B." Darauf erhebt sich die Frage: „Warum B?" und er antwortet mit: „Weil C" – und so weiter. Er bleibt in der endlosen Regression der Kausalität gefangen.

Es ist klar, dass diese Menschen einen Fehler gemacht haben, als sie annahmen, dass diese Sichtweise auf theoretischen Prämissen beruht. Haben sie denn auch damit einen Fehler gemacht, dass sie sie für schwierig halten? Es scheint nicht leicht zu sein, Konzepte zu transzendieren.

Es ist sehr schwer. Für das Ego ist es in der Tat unmöglich, diese Sichtweise klar zu verstehen; doch das Herz findet es leicht, eine Ahnung von ihr zu erhaschen. Ich würde ihnen also sagen: „Lassen Sie sich von Ihrem Herzen leiten. Was immer in Ihnen zu einem blitzartigen, freudigen Verstehen führt, das nehmen und würdigen Sie. Gehen Sie nicht von der negativen Seite, der 'ich verstehe nicht'-Seite aus. Beginnen Sie mit dem, was Sie verstehen, was Sie glücklich macht. Sie brauchen nicht alles zu verstehen, denn da ist nur eins, was Sie verstehen müssen: Ihr ewiger innerer Kern. Nur Sie können sich verstehen. Nur Sie können Sie selbst sein. Sie können sich nicht sehen und Sie können sich nicht denken, weil Sie Sie sind." Ist das nicht einfach?

Was Sie sagen, ist sehr einfach. Doch die Lebenssituationen sind überhaupt nicht einfach. Sie sind schnell, schwierig und vielschichtig. Wie kann man mitten in alledem seinem Herzen folgen?

Die Schwierigkeit liegt also nicht in dem, was ich sage...

Nein, sie liegt in den täglichen Erfahrungen.

Die Konzepte, welche die Menschen über sich selbst und die Welt haben, sind nicht einfach. Die nicht-duale Sichtweise muss ihnen in ihren eigenen Worten erklärt werden, dem Intellektuellen mit intellktuellen Begriffen und so weiter. Der Meister stellt auf diese Weise eine Brücke zur Verständigung her und führt sie schließlich zur Einfachheit zurück. Doch die reine Seele, der ernsthaft Suchende, fühlt diese Einfachheit fast unmittelbar in seinem Herzen, ohne das Bedürfnis nach langen Beweisführungen.

Was ist Meditation?

Meditation ist unser natürlicher Zustand, das was wir spontan sind, was wir immer gewesen sind und immer sein werden. Frei von Dualität und der Fragmentierung, die das Ich-Konzept verursacht, sind wir reines Sein, reines Gewahrsein, reines Glück.

Das unterscheidet sich grundsätzlich von der Art, wie das Wort „Meditation" normalerweise benutzt wird. Es bezieht sich normalerweise auf eine Methode oder einen Prozess, durch den wir unser höchstes Wesen erreichen können. Sie aber sagen, dass es unser höchstes Wesen ist.

Wer ist da, um etwas zu erreichen und wie könnten wir jemals das erreichen, was wir schon sind? Jede Dynamik hält uns in der Sklaverei, in den Ketten der Zeit gefangen und verschiebt den Moment unserer Befreiung auf irgendeinen Zeitpunkt in der Zukunft. Sie macht das was wir sind, das zeitlose Subjekt, zu einem Objekt. Jede Bemühung, unser höchstes Wesen zu erreichen, ist zum Scheitern verurteilt. Sie mag uns einen freudigen Zustand, ein Samadhi bescheren, doch diese Erfahrungen haben ihren Anfang in der Zeit und enden deshalb auch in ihr.

Meditation braucht also keine Zeit und geschieht auch nicht in der Zeit, sondern ist ewig gegenwärtig?

Unser wahres Wesen ist beständig. Es kann und wird uns in jedem Augenblick unseres täglichen Lebens rufen. Wichtig ist, dass wir offen dafür sind und es mit unserem ganzen Sein empfangen. Zu bestimmten bevorzugten Momenten kann man diese Einladung stärker spüren – abends gleich nach dem Einschlafen; nach vollendeter Tat; wenn Angst oder Begierde aufhören; wenn wir uns wundern; wenn wir uns in der Irre befinden. Wir sollten diese kostbaren Momente sorgsam nutzen, besonders die Übergangsstadien zwischen Schlaf- und Wachzustand. Gibt es keinen dringenden Grund, beschäftigt zu sein, so können wir diese Momente vollständig und ohne irgend eine Richtung erleben, können unseren Gedanken und Körperempfindungen gegenüber offen sein und unsere Freiheit sowie die nahe Präsenz des Tiefschlafs genießen.

Diese stille und offene Einladung an unsere Gedanken und Empfindungen sollte nicht zu einer strengen Übung oder einer Gewohnheit werden. Das würde die Frische und Spontaneität jener Momente zerstören. Wie Liebende sollten wir bereit sein, auf das geringste Zeichen des Geliebten zu antworten, wissend, dass wir nichts unternehmen können, um diese Einladung hervorzubringen, die der Gnade entstammt. So verweilen wir in unserer Unschuld, ohne Plan, ohne irgendeinen Einsatz im Spiel des Lebens.

Ein außenstehender Beobachter könnte diese Haltung von Offenheit falsch interpretieren, seine eigenen Konzepte auf die Situation projizieren und annehmen, dass hier jemand esoterische Übungen vollzieht, um irgendein mystisches Ziel zu erreichen, obgleich in Wahrheit niemand da ist, nichts getan wird und kein Ziel existiert, das erreicht werden könnte.

Könnten wir den Unterschied zwischen den allmählichen und den direkten Wegen zur Wahrheit betrachten?

Der allmähliche Weg beruht auf der Annahme, dass wir nicht die Wahrheit sind und dass wir sie erreichen können; dass etwas, was selbst nicht die Wahrheit ist, sie erreichen und sich langsam in die Wahrheit verwandeln kann; dass in der Zeit Fortschritte auf das Zeitlose hin gemacht werden können. Da die höchste Wahrheit unser wahres Wesen, Gewahrsein ist, können wir uns auf das, was wir schon sind, nicht zubewegen. In welche Richtung wir auch gehen – ein jeder Schritt bringt uns weiter weg.

Der allmähliche Weg kann also nur von einer individuellen Wesenheit beschritten werden, die sich, indem sie immer besser, immer reiner und immer schwächer wird, langsam dem Ziel nähert. Dieses Spiel dient natürlich nur dem Ego.

Das kommt mir wie der Fortschritt vor, den wir erleben, wenn wir uns auf anderen Gebieten sachliche Informationen oder Fähigkeiten aneignen. Wenn man aber genauer hinschaut, sieht man einen langsamen, absichtlichen Selbstmord des Ego, was absurd ist.

Ja. Aus der Sicht des Ego ist es eine Entwicklung auf seinen Tod zu. Das Ego kann sich unter dem Glück nur objektiv etwas vorstellen, einen Zustand, den man in der Zukunft erreicht.

Würden Sie sagen, dass eine der besten Schutzhaltungen des Ego darin besteht, einen echten Impuls auf die Wahrheit hin an sich zu reißen und in eine langsame, absichtliche Bewegung in Richtung Wahrheit zu verwandeln, einen langsamen Selbstmord, um dadurch seine eigene Existenz zu erhalten?

Genau. Ein echter Ausblick auf das Höchste berührt die gesamte individuelle Existenz des Suchenden und verleiht ihm größere Klarheit, Ernsthaftigkeit und inneren Abstand. Eine derartige Gnade kann vom Ego nicht gestört werden – es ist während dieser zeitlosen Erfahrung nicht anwesend. Nach dem Ereignis versucht das tödlich verletzte und verzweifelt um sein Überleben kämpfende Ego jedoch, uns wieder einzufangen, indem es vorgibt, den Einblick verursacht zu haben, und versucht, sich damit zu profilieren. Der einzige Dienst, den uns das Ego leisten kann, ist, uns in Ruhe zu lassen.

All diese Gründe tragen dazu bei, dass jeder allmähliche Pfad scheitern muss. In dieser Sache gibt es nur einen, der aktiv handelt – das Höchste, welches den Suchenden zu seinem wahren Selbst hin zieht.

Der direkte Pfad basiert auf der Einsicht, dass jeder allmähliche Pfad scheitern muss. Daraufhin wird das Mentale still, denn es kann sich nirgends mehr hinbewegen. Diese Stille und in ihr die Abwesenheit des Ego ist die Öffnung zum Unbekannten, zur Gnade.

Können das Bewusstsein oder das Gewahrsein jemals sterben?

Kurz gesagt heißt Ihre Frage: „Kann das Leben sterben?"

Der Ursprung dieser Frage, das Alltagsbewusstsein würde Ja sagen. Alles was lebt, stirbt auch, das Leben kann ausgelöscht werden.

Lebendige Dinge sterben. Die Frage ist also: „Kann das Gewahrsein ein Ding, ein Objekt sein?"

Kann es die Eigenschaften eines Objekts haben?

Können wir das Gewahrsein genauso wahrnehmen wie wir ein Objekt wahrnehmen? Kann das Gewahrsein, der höchste Wahrnehmende aller mentalen Ereignisse selbst als mentales Ereignis wahrgenommen werden?

Das ist natürlich absurd, denn da müsste es ja einen anderen Wahrnehmenden geben.

Ja, und es wäre nicht der höchste Wahrnehmende. Wir sind also zutiefst das, als was wir uns fühlen – der höchste Wahrnehmende. Es würde uns nicht zufrieden stellen, unser Selbst mit irgend etwas Relativem, Objektiven zu identifizieren. Wir identifizieren uns nicht mit unserer Hand. Wir sind überzeugt, dass wir, auch wenn wir unsere Hand verlieren, die gleichen sind wie zuvor. Unsere Hand und die ihr zugehörigen Empfindungen kämen in dem Bild nicht mehr vor, doch der Betrachter des Bildes hätte sich nicht geändert.

Der Betrachter der lebendigen Hand und der Betrachter der fehlenden Hand bleibt also unverändert?

Ja, die fehlende Hand wird nicht länger gefühlt oder gesehen. Wir identifizieren uns nicht mit ihr – und wenn wir uns bis zum höchsten Wahrnehmenden zurückbewegen (was ein tiefes Verständnis und eine gründliche Untersuchung erfordert) wird uns irgendwann klar, dass der gesamte Körper ein ebensolches wahrgenommenes Objekt ist, und wir identifizieren uns nicht länger mit ihm. Auch unsere Gedanken nehmen wir auf diese Weise wahr und identifizieren uns nicht länger mit ihnen. Dann verstehen wir, was Gewahrsein wirklich ist. Wir überschreiten jegliche Begrenzung und identifizieren uns mit dem Leben selbst, mit dem Bewusstsein. Auf dieser Ebene erscheint alles in das Leben hinein und verschwindet wieder in ihm, und das Leben selbst ist das höchste Prinzip, von dem alles andere abhängt. Selbst die angebliche Geburt, Existenz und der Tod hängen auf der relativen Ebene von ihm ab. Jede Erscheinung, Veränderung und jedes Verschwinden borgt seine anscheinende Realität von dieser ewigen Präsenz, dem Leben, dem Gewahrsein.

Ich vermute, dass die meisten Menschen selten über den traumlosen Schlaf nachdenken. Wenn sie es doch tun, halten sie ihn wahrscheinlich für eine bedeutungslose Leere, die höchstens für unsere körperliche Gesundheit wichtig ist. Doch tatsächlich kann er als Schlüssel zum Höchsten dienen. Können wir das genauer betrachten?

Eine Leere ist ein Objekt – und die Abwesenheit aller Objekte ist immer noch ein Objekt. Wenn wir im Wachzustand an den Tiefschlaf denken, projiziert die wache Wesenheit die Vorstellung einer Leere, weil der Tiefschlaf eine Nicht-Erfahrung ist. Er enthält keine Objekte, und das Wissen des wachen Menschen umfasst nur Objekte. Der Zustand der Leere ist also keine Tatsache, sondern eine Überlagerung, die im Wachzustand vorgenommen wird. Das wirkliche Erlebnis des Tiefschlafs bleibt dem Verständnis des wachen Menschen verschlossen. Um den Tiefschlaf zu verstehen, muss diese Überlagerung enden. Dann offenbart sich der Tiefschlaf als zeitloser Hintergrund, unser wahres Wesen. Der gleiche Nicht-Zustand ist zwischen zwei mentalen Ereignissen präsent. Wenn wir aufwachen, sind wir noch von der Frische, dem Frieden und dem Glück des Tiefschlafs durchdrungen. Vor dem Einschlafen spüren wir seine Einladung, die uns zu unserem wahren Zuhause zurückbringt. Anders jedoch als der Wach- und Traumzustand ist der Tiefschlaf kein Zustand. Er ist der Hintergrund aller Zustände. Zum Vergleich: Wenn wir uns in Stein gehauene Gesichter vorstellen, wobei die Gesichter den Zuständen entsprechen und der Stein dem Tiefschlaf, wird unsere Aufmerksamkeit zuerst von den Gesichtern angezogen. Wir sehen nur sie. Schauen wir genauer hin, dann sehen wir den Stein zwischen den Gesichtern und um sie herum, wo er nicht bearbeitet ist. Genauso eröffnen uns der Tiefschlaf und die Zeiträume zwischen den mentalen Ereignissen die Möglichkeit, zum Erleben des reinen Gewahrseins zu erwachen. Schauen wir uns dann wieder die Steingesichter an, sehen wir sie als das, was sie sind – als Stein. Das Wissen hindert uns nicht daran, sie zu sehen, doch trotzdem ist da nur Stein. Auf die gleiche Weise sehen wir, nachdem wir den Hintergrund, die Grundschicht geschaut haben (und wenn ich „schauen“ sage, meine ich nicht das Schauen mit den Augen – die Grundschicht schaut sich selbst) die wieder erscheinenden Objekte als das was sie sind, als Gewahrsein. Es gibt keine Objekte, es gibt nur Gewahrsein.

Aufgrund seiner enthüllenden Kraft ist der Tiefschlaf für diese Perspektive von größter Wichtigkeit. Wenn wir dieses lebendige Verständnis, das Gewahrsein der Hintergrundpräsenz einmal erlebt haben, bleibt es für immer bei uns. Im Wachzustand und während wir träumen spüren wir die durchgängige Gegenwart des Tiefschlafs. Da die Identifikation mit einem wachenden oder träumenden Subjekt nicht mehr existiert, könnte man sagen, dass es keinen Schlaf mehr gibt. Die Gewahrseinsqualität des Wachzustandes verschmilzt mit der Stille des Tiefschlafs. Diese Nicht-Erfahrung wird in der Bhagavad Gita wunderschön beschrieben: „Was dem Blinden der Tag, ist dem Sehenden die Nacht; was dem Sehenden der Tag, ist dem Blinden die Nacht."

Im Schlaf wach zu sein und im Wachzustand zu schlafen?

Ja. Der Weise ignoriert alle drei Zustände und verankert sich in der Wirklichkeit, wohingegen der Unwissende, der sein wahres Wesen nicht kennt, sich in einem illusionären Wachzustand verankert.

Wenn der Tiefschlaf die Rückkehr des wahren Selbst bedeutet, warum bekommen wir das nicht mit?

Wir haben keine Erinnerungen an diese Nicht-Erfahrung. In dieser Hinsicht bekommen wir sie nicht mit. Doch auch im Tiefschlaf ist das Bewusstsein weiterhin präsent und sich seiner selbst gewahr. Wenn wir erwachen, ist der Frieden und das Gefühl einer Kontinuität von Bewusstsein immer noch präsent. Unter diesem Aspekt bekommen wir es wohl mit.

Es gibt keine Vergangenheit, es gibt keine Zukunft; es gibt nur das Hier und Jetzt, nur Unmittelbarkeit. Jedes „dort" und jedes „dann" dient nur als Basis für diese große Illusion, in der es eine Vergangenheit, eine Gegenwart und eine Zukunft zu geben scheint. Wenn das einmal erkannt und dieses Verständnis erworben wurde, wie kann es dann gelebt und im täglichen Leben umgesetzt werden?

Es setzt sich selbst um, denn es gibt niemanden, der es umsetzen könnte. Es setzt sich ohne Ihr Eingreifen genauso um wie die Sonne aufgeht, wie das Wehen des Windes die Blätter bewegt, wie die Pflanzen wachsen und unser Herz schlägt.

Kapitel 9
Das wunderbare Spiel des zeitlosen Jetzt

Die Beziehung zwischen Meister und Jünger ist eines meiner größten Dilemmas gewesen. Einer meiner Freunde besteht nachdrücklich darauf, „niemals mein Recht auf Zweifel aufzugeben", während andere behaupten, dass „Hingabe" das Ideal sei.

Ihr Freund hat recht. Wie können Sie sich, solange Sie noch Zweifel haben, wirklich hingeben? Das wäre keine natürliche Hingabe, sondern ein Versuch, Ihre eigenen Konzepte aufzugeben, um sie durch neue – die Ihres Meisters – zu ersetzen. Sie würden sich den neuen Konzepten hingeben, nicht der Wahrheit. Die Wahrheit ist kein Konzept. Sie ist Ihre lebendige Wirklichkeit, die absolute Freiheit von allen Konzepten. Sie können sie in keinen Käfig sperren, nicht einmal in den goldenen Käfig, der aus den Worten Ihres Meisters besteht. Sie können die Aussprüche Ihres Meisters in Betracht ziehen, mehr nicht. Wenn er ein authentischer Meister ist, werden seine Worte nach und nach Ihre Zweifel beseitigen. Die perfekte Hingabe liegt schon darin, dass Sie die Aussprüche Ihres Meisters ernsthaft in Betracht ziehen. Das ist der beste Beitrag, den Sie leisten können. Überlassen Sie es ihm, Ihnen die Arbeit abzunehmen. Ein wahrer Meister wird Ihre Fragen jederzeit begrüßen, zumindest bis Sie Ihr wahres

Wesen aus eigenem Erleben kennen. Dann mag er sich entscheiden, nur noch dann zu antworten, wenn er es für angemessen hält. So wird er Ihnen vielleicht dabei helfen, die spirituelle Perspektive eines praktischen Alltagsproblems zu sehen und Ihr Verständnis zu erweitern, oder Sie einfach nur hier und jetzt an die Wahrheit zu erinnern, die Sie bereits erlebt haben. Beides führt dazu, dass Sie die Antwort in sich selbst finden.

Warum führe ich dieses Gespräch mit Ihnen?

Sie müssen die Antwort auf diese Frage selber finden. Was ist Ihre Motivation? Haben Sie das Gefühl, dass Ihnen etwas fehlt, fühlen Sie sich unvollständig oder unzufrieden? Haben Sie den Wunsch, zu verstehen?

Im Moment geht es mir darum, zu verstehen. Brauche ich dieses Gespräch mit Ihnen, um zu verstehen, oder kann ich die gleiche Unterredung auch mit mir selbst führen? Wenn das möglich ist, wie fange ich es dann an?

Wenn Sie verstehen wollen, ist das Gespräch mit sich selbst unerlässlich. Ich kann Ihnen das Verstehen nicht abnehmen. Wenn Sie durstig sind und Ihnen jemand den Weg zum Brunnen zeigt, müssen Sie, um Ihren Durst zu stillen, immer noch selber hingehen und trinken. Allerdings hat Ihnen sein Hinweis vielleicht Zeit und Mühe erspart.

Diese Unterredung mit sich selbst zu führen bedeutet, mit Ihrer Frage zu leben und jede Fragestellung, die Ihnen spontan erscheint, in Ihr Leben einzuladen. Mit der Zeit wird sich die Frage neu und anders formulieren, wird mit Ihrem wachsenden Verständnis immer subtiler werden, bis sie schließlich in Ihnen verschwindet und Sie in Ihrer Freiheit und Unschuld übrig bleiben.

Ist es so, dass ich nicht weiß, was Sie wissen? Wissen Sie mehr als ich? Gibt es da draußen oder in meinem Inneren irgendetwas, das ich wissen sollte? Warum ist da diese Suche? Wer sucht?

Und wonach – nach mehr Wissen? Wodurch wird meine Suche enden?

Was meinen Sie mit dem Wort „wissen"? Wenn Sie damit Ihr gesammeltes Wissen an Erinnerungen oder Fähigkeiten meinen, die Sie in der Vergangenheit gelernt haben, dann bin ich mir sicher, dass Sie viele Dinge wissen, die ich nicht weiß – und umgekehrt. Doch Sie sprechen in Ihren Fragen anscheinend von einer anderen Art Wissen.

Gibt es eine andere Art Wissen? Worin besteht es und was macht es aus?

Es gibt das relative objektive Wissen, und es gibt das absolute Wissen, das sich durch Identität vermittelt. Vom relativen Wissen ist die Rede, wenn Sie sagen: „ich kenne diesen Mann", oder „ich weiß, wie es geht, Klavier zu spielen." Die meisten Menschen haben von der anderen Art des Wissens, des Wissens durch Identität, keine Ahnung, obgleich es allem, was sie wissen, zugrunde liegt. Sie sind sich der Tatsache, dass Sie existieren, absolut gewiss. Wenn Sie diese Gewissheit auf ihren Ursprung untersuchen, werden Sie herausfinden, dass sie sich nicht auf Ihre sechs Sinne (Hören, Sehen, Schmecken, Riechen, Fühlen und Denken) stützt, die dem relativen Wissen als Instrumente dienen. Das absolute Wissen führt in Ihnen zu einer vollkommenen Gewissheit, wogegen jede Tatsache, die mit den Instrumenten des relativen Wissens erkannt wurde, angefochten werden kann. Weitere Beispiele für ein Wissen, das der Identität entstammt, sind Ihre Erlebnisse von Liebe, Schönheit oder Glück. Haben Sie sich diese neue Art zu erkennen erst einmal bewusst gemacht, dann werden Sie sich immer mehr auf sie verlassen, bis Sie ganz mit ihr vertraut sind.

Nun stellt sich vielleicht die Frage, ob ich im Gegensatz zu Ihnen eine Art Supermind besitze, der mir den Zugang zu irgendeinem mysteriösen Wissen verschafft, welches Ihnen verschlossen bleibt. Habe ich irgend etwas, was Ihnen fehlt? Nein, absolut nicht! Genau wie ich besitzen auch Sie alles, was Sie brauchen, um vollkommen glücklich zu sein. Was ist also dann der Unterschied zwischen uns beiden? Da bleibt nur eine Alternative: Dass Sie etwas besitzen, was ich nicht habe. Und was könnte das sein?

Ihre ursprüngliche Frage enthält einen Hinweis. In Ihnen gibt es eine Suche, die mir fehlt. Und was sagt uns die Tatsache, dass Sie auf der Suche sind? Sie sagt uns, dass Sie glauben, es gäbe etwas, was Ihnen fehlt, dessen Besitz aber vielleicht Ihre Suche beenden würde. Warum bin ich nicht auf der Suche? Weil ich nicht glaube, dass irgendetwas dort draußen unabhängig von diesem Gewahrsein existiert, als das ich mich so eindeutig kenne und weil ich nicht glaube, dass es hier drinnen irgendetwas Bestimmtes wie zum Beispiel einen Körper oder einen mentalen Bereich gibt, in dem ich mich – dieses Gewahrsein, welches ich mit solcher Gewissheit als mich erkenne – wiederfinde. Da ich nichts Bestimmtes bin und da jenseits dessen, was ich so eindeutig bin, nichts existiert, bin ich alles. Und weil ich alles bin, gibt es nichts zu suchen. Hierin besteht also der Unterschied: Sie haben bestimmte Überzeugungen über das was Sie sind oder nicht sind, und das was Sie haben oder nicht haben, während ich solche Überzeugungen nicht habe, sondern mich stattdessen an das halte, als was ich mich ganz real erlebe – als das wunderbare Spiel des zeitlosen Jetzt.

Da es in mir keinen Suchenden gibt, müssen Sie die Frage „Wer sucht?" selber beantworten. Sie ist von allen Fragen, die Sie je erforschen könnten, die Beste, und sie wird Sie bis ans Ziel der Reise führen – vorausgesetzt, Ihr Verlangen nach der Wahrheit ist echt und ernsthaft.

Sie können soviel neues Wissen und neue Fähigkeiten ansammeln wie Sie wollen, Ihre Suche wird dadurch zu keinem Ende kommen. Bei dieser Suche geht es nicht darum, etwas zu lernen, sondern darum, die angesammelten Konzepte, Überzeugungen und Gewohnheiten zu ent-lernen oder abzulegen, welche uns davon abhalten, die Einfachheit, Spontaneität und Freude unseres wahren Wesens zu erleben.

Untersuchen Sie meinen Hinweis, dass Sie weder ein wahrgenommenes Objekt, noch ein Konzept, ein Gefühl oder eine Sinneswahrnehmung sind, und Sie werden zu verstehen beginnen, was Sie wirklich sind. Diese Erforschung muss gründlich vollzogen werden, und zwar sowohl intellektuell als auch auf der Ebene Ihrer Gefühle. Das Verständnis, welches Sie im Zuge dieser Erforschung gewinnen werden, die Antwort auf die Frage „wer bin ich?“ ist ein Erlebnis, das Sie jenseits des Mentalen, jenseits von Zeit und Raum zu Ihrer angeborenen Schönheit und Unsterblichkeit bringen wird. Durch dieses Erlebnis entdecken Sie das, was Sie gesucht haben. Mit ihm enden alle Fragen, endet diese Suche, enden alle Ängste und Begierden.

> ***Können Sie mir erklären, was Sie damit meinen, vollkommen glücklich zu sein? Ich fühle mich nicht glücklich. Das ist wohl der Hauptgrund, warum ich dieses von Menschen erfundene Spiel noch weiterspiele. In diesem Spiel gibt es eine unaufhörliche Bewegung von Objekt zu Objekt, nur um glücklich zu werden. Es gibt in ihm, so glaube ich jedenfalls, keinen Frieden und kein Glück.***

Wir alle kennen das Glück. Wir können es zwar nicht beschreiben, doch allein die Tatsache, dass wir auf der Suche danach sind, beweist, dass wir es irgendwie kennen. Wenn wir ein gewünschtes Objekt bekommen, erleben wir einen kurzen Glücksmoment. Wir machen den Fehler, dass wir das Glück dem Objekt zuschreiben, während wir es in Wahrheit schon längst selber sind. Wenn wir das Objekt dann besitzen, lässt unsere Begierde für eine Weile nach und wir erleben das Glück, das der Wunschlosigkeit, unserem wahren Wesen entspringt. Doch aufgrund unserer Unkenntnis entsteht schnell eine neue Begierde, die das Glück – unser tiefstes Wesen – wieder verschleiert. Zu irgendeinem Zeitpunkt wird uns die endlose Bewegung von Objekt zu Objekt bewusst, die Sie angesprochen haben. Dieser Moment ist immens wichtig für uns, denn er bereitet den Weg für eine authentische spirituelle Suche, ein Streben nach dem Glück, welches nie endet.

> ***Könnten Sie beschreiben, was Sie mit Gewahrsein meinen? Meine Erfahrung sagt mir, dass ich (Körper, Mentalität) existiere und bestimmte Dinge be-***

sitzen möchte und dass Sie und andere genauso sind. Ich habe das Gefühl, dass ich unabhängig von anderen existieren kann. Auch kann ich mich von ich zu wir oder uns bewegen. Und Sie meinen, das sei nur ein Glaube? Bedeutet Gewahrsein einfach nur unser Sehen, Hören und Fühlen oder mehr als das?

Wem erscheint Ihr Körper, Ihr Geist und Verstand, Ihr Verlangen, Francis und die anderen? Offensichtlich Ihnen. Sie sind der Zeuge Ihres Körpers, Ihres Geistes, Ihres Verstandes und Ihrer Begierden. Also sind Sie kein einziges dieser Objekte. Sie sind reines Gewahrsein – ein anderer Name für das Bewusstsein –, sind der höchste Zeuge Ihrer Gedanken, Gefühle und Wahrnehmungen.

Ihr Gefühl, unabhängig von anderen existieren zu können, ist richtig. Es kommt daher, dass die anderen nicht durchgängig in Ihrer Wahrnehmung vorhanden sind, während Sie selbst als Gewahrsein immer da sind. Wenn Sie tief darüber nachdenken, werden Sie zu dem Schluss kommen, dass auch Ihr Körper nicht immer präsent ist – zum Beispiel wenn Sie denken, im Tiefschlaf oder zwischen zwei Gedanken. Sie, als Gewahrsein, bestehen also unabhängig von Ihrem Körper, der sich aus Sinneswahrnehmungen zusammensetzt. Erforschen Sie diese Tatsache weiter, dann wird Ihnen klar, dass Sie auch kein Gedanke sind. Gedanken kommen und gehen, doch Sie, das Gewahrsein, bleiben bestehen. Sie sind also nicht Ihr mentaler Anteil, zumindest nicht der objektive Teil des Mentalen, die Gedanken.

An diesem Punkt muss Ihnen klar werden, dass Sie kein Objekt sind, also nichts, was in Begriffe gefasst, gedacht oder durch die Sinne wahrgenommen werden kann. Mehr brauchen Sie nicht zu verstehen. Doch Ihr Verständnis muss gründlich sein, und Sie müssen in Einklang mit ihm leben und handeln.

Das was Sie sind, ist weder ein Glaube noch eine Wahrnehmung, während das, wofür Sie sich halten, offensichtlich ein Konzept, und das, was Sie wahrnehmen, offensichtlich eine Wahrnehmung ist. Das Sehen, Hören und Denken erscheinen im Gewahrsein und verschwinden wieder in ihm. Sie bestehen also aus Gewahrsein. Das Gewahrsein selbst allerdings, Ihr wahres Wesen, ist weitaus mehr als Ihre sechs Sinne; weitaus mehr als Ihr individueller Geist; sogar weitaus mehr als dieses Universum, welches von Moment zu Moment im Bewusstsein aufsteigt und wieder versinkt. Es ist der Urgrund, der allen fühlenden Wesen gemeinsam ist – unsere zeitlose Gegenwärtigkeit. Sie umfasst in vollkommener Gleichzeitigkeit alle möglichen Welten, mit ihren Vergangenheiten und Zukünften.

Wird die Suche durch mein Verständnis ihr Ende finden und wird das „wer“ verschwinden?

Wenn Sie wirklich damit aufhören, sich für das zu halten, was Sie nicht sind, bleibt das zurück, was Sie sind: Gewahrsein. In dem Moment finden Sie die Antwort auf all Ihre Fragen und Sie leben im Frieden.

Was ist „wer“ und was ist sein Wesen?

Auch diese Frage müssen Sie selbst beantworten.

Es ist offensichtlich, dass diese Suche durch mehr Wissen nicht zu einem Ende kommen wird, weil sie dann stets auf unvollständigem Wissen beruht. Können wir das, was Sie mit Konzepten, Überzeugungen und Gewohnheiten meinen, in unserem täglichen Leben anschauen?

Hier sind zwei Beispiele für Konzepte: der Mensch und Gott. Oder drei Beispiele für Überzeugungen: „Ich bin ein Mann“, „Gott existiert“, oder „Es gibt keinen Gott“. Wenn eine Überzeugung chronisch wird, entstehen Gewohnheiten. Die Überzeugung „Ich bin eine separate Wesenheit“ wird zum Beispiel zu bestimmten Mustern von aggressiver Verteidigung, Gier, Angst und Begierde führen.

Is alles, was wir wissen, ein Konzept? Was ist real und was nicht?

Nicht alles, was wir wissen – nicht einmal im objektiven Bereich – ist ein Konzept. Ein Körpergefühl zum Beispiel ist kein Konzept. Alles, was kommt und geht, ist nicht real. Wenn der Alptraum vorbei ist, verschwindet die bedrohliche Traumwelt. Ihr Verschwinden überzeugt uns davon, dass sie nicht real war. Daraus folgt, dass Gedanken und Wahrnehmungen, die ja genauso unbeständig sind, gleichfalls nicht real sind. Das Gewahrsein, ihr beständiger höchster Zeuge, ist die einzige Realität.

Wie können wir aus den Konzepten ausbrechen? Schließlich beruht all unsere Kommunikation auf Konzepten – und das soll alles eingebildet sein? Führen wir mit dem „wie" nicht ein weiteres Konzept ein? Wodurch kann dieses Ent-lernen geschehen?

Das ist eine sehr gute Frage. Das „Wie?" hält uns im Mentalen fest, weil jede Antwort auf das „Wie?" ein weiteres Konzept ist. Doch zu verstehen ist kein Konzept. Um zu verstehen, gehen wir über das Mentale hinaus. Einige Konzepte haben die Macht, uns zu dieser Intelligenz zu führen, uns über das Mentale hinaus zu transportieren. Wenn wir eine Zeitlang mit einem solchen Konzept leben, darüber nachdenken und es erforschen, gibt es plötzlich einen Moment, wo es sich im Verstehen auflöst.

Kapitel 10

Wahres Verständnis geschieht im Herzen

Die meisten Menschen sind in ihrem Alltag damit beschäftigt, ihren Lebensunterhalt zu verdienen, mit anderen klarzukommen und dadurch etwas Glück zu finden. Hat die nicht-dualistische Sichtweise einem solchen Menschen etwas Hilfreiches mitzuteilen?

Wir alle suchen das Glück. Die meisten Menschen kämpfen darum, dieses anscheinend unerreichbare Ziel zu erreichen. In der Kindheit suchen wir das Glück in dem gewünschten Spielzeug; als Teenager hoffen wir es zu erreichen, wenn wir das nächste Spiel gewinnen oder mit dem hübschen Jungen oder schönen Mädchen, die wir am Strand gesehen haben, eine Verabredung haben; als Erwachsene halten wir möglicherweise die Mischung aus einer guten Arbeit, einer glücklichen Ehe, einem eigenen Haus, Kindern und Gesundheit für das Rezept zum Glücklichsein. Schauen wir das Ganze aus der Vogelperspektive an, dann erkennen wir, dass wir uns in einem Dauerzustand des Strebens, Begehrens und Fürchtens befinden, immer auf der Suche nach dem Glück und immer unglücklich. Dieses endlose Hin- und Herschwingen zwischen Vergangenheit und Gegenwart hält uns davon ab, die gegenwärtige Realität unseres Lebens voll zu leben. Es erzeugt eine tiefe innere Unzufriedenheit, die sich, wenn wir auf sie hören, als ein sehr positives Gefühl erweisen wird. Diese Unzufriedenheit führt zu Fragen wie: „Was ist der Ausweg aus diesem Teufelskreis von Angst und Begehren? Woher kommt das Glück, das ich ab und zu erlebt habe? Kann ich für immer in diesem Glück bleiben? Kann ich ein volles und kreatives Leben führen? Wie kann ich meine Zeit am besten nützen?"

Diese Fragen lassen erkennen, dass wir schon etwas reifer geworden sind – immerhin ist uns das Problem schon bewusst. Wir haben irgendwie begriffen, dass der Weg von Verlangen zu Verlangen in einer Einbahnstraße mündet und dass wir uns, sobald wir den erwünschten Gegenstand erhalten oder das gefürchtete Ereignis überstanden haben, in einem endlosen Streben dem nächsten Wunsch zuwenden. Wenn wir das erkennen, sind wir offen für eine neue Perspektive. Wenn wir verstanden haben, dass der Frieden und das Glück, die wir suchen, in keinem Objekt gefunden werden können und dass wir in Wirklichkeit nicht das Objekt begehren, sondern das Glück, welches sich in dem Moment enthüllte, wo wir das begehrte Objekt erhielten und das Verlangen beendet war, dann trachten wir direkt nach dem wunschlosen Zustand, dem Glück, anstatt weiterhin Gegenstände zu begehren.

Das natürliche Resultat dieses Verstehens ist ein innerer Abstand. Diese leidenschaftslose Haltung erreichen wir nicht aufgrund von Bemühungen – sie erscheint von selbst, und für die Energien, die unserer Mitte entspringen und sich bisher auf der Suche nach Objekten zerstreut haben, gibt es keine äußeren Ziele mehr. Sie fließen beständig zurück zu ihrer Quelle, bis wir uns selbst als das erkennen, was wir gesucht haben.

Wenn wir die Wahrheit nicht denken oder fühlen können, wie können wir uns ihr dann jemals nähern?

Wir können uns der Wahrheit schon deshalb nicht nähern, weil wir die Wahrheit sind. Die Wesenheit, die sich der Wahrheit nähern möchte, muss aufhören zu existieren, damit die Wahrheit enthüllt werden kann. Diese begrenzte Wesenheit ist eine Illusion. Sie borgt ihre Realität von ihrer Quelle, der Wahrheit. Die Wahrheit kann man nicht fühlen oder empfinden, da sie dem Mentalen nicht angehört. Das Mentale, die Gedanken und die Empfindungen erscheinen in der Wahrheit, sie haben ihren Ursprung in ihr. Wie Krishna, der Meister, in der Bhagavad Gita sagt: „Die Dinge haben ihre Wurzel in mir, doch ich habe meine Wurzel nicht in ihnen."

Die Einsicht, dass wir uns der Wahrheit nicht nähern können, weil wir sie schon sind, und dass das Mentale alles, was jenseits von ihm ist und es wahrnehmend enthält, nicht begreifen, ergreifen noch erreichen kann, ist die einzige Vorbedingung, um die Wahrheit wissentlich zu sein. Dieses Verständnis besitzt ein eigenes Leben, eine eigene Kraft, die schließlich alle angesammelten Schleier beseitigt und es der Wahrheit ermöglicht, sich aus sich selbst heraus zu offenbaren.

Mit scheint, dass unsere einzige Möglichkeit, „wissend" die Wahrheit zu sein, darin liegt, dass diese aus sich selbst heraus offenkundig wird. Ist sie das aus sich selbst heraus?

Wenn wir das Wort „Wahrheit" benutzen, bezieht es sich auf die absolute Wahrheit, nicht auf eine relative, welche nur ein Konzept und abhängig von den Umständen heute wahr, morgen dagegen unwahr sein kann. Die absolute Wahrheit ist aus sich selbst heraus offenkundig. Sie bezieht sich auf kein Objekt. Die relative Wahrheit kann formuliert werden, die absolute Wahrheit dagegen ist jenseits aller Formulierungen.

Die absolute Wahrheit ist die Quelle jeder tiefen Überzeugung, jedes höheren Verständnisses. Darum nennen wir sie „Wahrheit". Sie schenkt uns tiefe Überzeugung von Selbstverständlichkeit. Wenn wir jemanden fragen: „Weißt du, wer du bist?", wird derjenige wahrscheinlich zögern, bevor er antwortet. Fragen wir dagegen: „Weißt du, dass es dich gibt, dass du existierst?", dann gibt es kein Zögern, da sich die Frage direkt auf eine selbstverständliche Realität bezieht, auf eine Quelle absoluter Gewissheit. Sie bringt uns in direkten Kontakt mit dem Kern unseres Seins.

Heißt das, dass es zu einem direkten und selbstverständlichen Wissen unmöglich ein Gegenteil geben kann?

Ja. Es hat kein Gegenteil, weil es weder ein Gedanke noch eine Wahrnehmung ist. Es ist kein Objekt. Es existiert aus sich selbst. Es ist das einzige Ding, was aus sich selbst exisitiert und letztendlich das einzige Ding, was es gibt: kein Ding, kein Nicht-Ding, unsere höchste Realität.

Das Verständnis der nicht-dualen Perspektive erreichen wir, indem wir die Frage „Wer bin ich?“ solange durch die Aussonderung all dessen was wir nicht sind, klären, bis die Antwort auf „Wer bin ich?“ genauso selbstverständlich und spontan kommt, wie die Antwort auf: „Bin ich?“. Diese lebendige Antwort lässt sich nie formulieren. Sie ist der Ursprung für unsere Gewissheit, zu sein. Diese beiden Fragen führen zu derselben Antwort, zur einzigen absolut zufriedenstellenden Antwort, die wir jemals erhalten können.

Warum ist es so unglaublich schwer, diese Perspektive mental zu begreifen?

Diese Perspektive ist nicht nur unglaublich schwer zu begreifen – mental können wir sie überhaupt nicht begreifen. Doch für das Herz ist diese Perspektive leicht zu verstehen, sie ist sehr leicht, fast unmittelbar verständlich.

Wie verstehen wir irgendetwas mit dem Herzen? Wie erleben wir das? Wie können wir wissen, dass wir nicht in einer weiteren Anhäufung von Konzepten gefangen sind?

Nur das Herz kann verstehen. Jedes wahre Verständnis geschieht durch das Herz, im Herzen. Wir glauben, dass wir mit dem Gehirn, also mental verstehen, doch Verstehen geschieht spontan. Es hat seinen Ursprung nicht im Mentalen, sondern im Zeitlosen. Das Mentale mag im Forschungsprozess, der dem Verständnis vorausgeht, oder im anschließenden Formulieren eine Rolle als Werkzeug oder als Kanal spielen, doch der zeitlose Augenblick kreativer Intuition findet im Herzen statt.

Wollen Sie damit sagen, dass unsere Idee, Dinge mental zu begreifen, ein Trugschluss ist?

Ja. Das Mentale kann nur Objekte und mentale Ereignisse erfassen. Das Verständnis kann es nicht erfassen. Wenn das Mentale ein Verständnis empfängt, mischt sich sofort das Ego ein und behauptet: „Ich habe verstanden". Doch im Zeitpunkt des Verstehens war das Ego gar nicht dabei. Wahres Wissen über irgendetwas geschieht jenseits des Mentalen, im Gewahrsein. Gewahrsein ist Verstehen. Das gilt für jede Art des Verstehens, sogar für das relative Verstehen, das wir brauchen, um eine Mathematikaufgabe zu lösen. Wenn das Verstehen sich allerdings auf das Verstehen selber richtet, betreten wir eine neue Dimension. Wenn die Intelligenz sich der Intelligenz bewusst wird, wenn das Verstehen sich auf die absolute Wahrheit richtet, dann bleibt dieses Verständnis für immer bei uns. Es ist eine Art Implosion.

Können freundliche und mitfühlende Handlungen auch aus dem Ego stammen oder kommen sie zwangsläufig von woanders her?

Wahre Freundlichkeit und wahres Mitgefühl entstammen dem Selbst, unserem wahren Wesen, doch nie dem Ego. Es gibt manchmal Handlungen, die den Anschein des Mitgefühls haben und aus dem Ego kommen. Sie basieren auf persönlichen Motivationen und haben mit dem Verlangen nach Ruhm, persönlichen Vorteilen, Profit oder Macht zu tun. Das sind keine mitfühlenden Handlungen. Mitgefühl entspringt immer aus der Liebe.

Du meinst also, dass das, was normalerweise Liebe oder Altruismus genannt wird – den anderen wichtiger zu nehmen als sich selbst – immer auf den persönlichen Motiven der handelnden Person basiert?

Das habe ich nicht behauptet. Im Gegenteil, wir alle kennen beeindruckende Gesten des Altruismus. Manche Menschen riskieren ihr Leben, um einen Ertrinkenden zu retten. Sie springen spontan und ohne nachzudenken ins eiskalte Wasser. Sie denken nicht daran, wie sie ihre Geschichte vor laufenden Kameras erzählen oder viel Geld an der Sache verdienen werden. Sie tun einfach das, was die Situation erfordert. Solch eine Handlung ist das reine Mitgefühl.

Eine egolose Handlung, eine total spontane Handlung kann also plötzlich in einem Menschen auftauchen, der normalerweise durch das Ego lebt. Haben Sie das gemeint?

Unbedingt. Das Ego ist nicht permanent. Das was wir wirklich sind, unser wahres Wesen, ist permanent. Das Ego ist ein Konzept, und wie alle Konzepte kommt und geht es.

Wenn das Ego also kurz aussetzt, kann das Selbst direkt agieren?

Ja. Eine Handlung, die ohne die Vorstellung ausgeführt wird, ein begrenztes Ding zu sein, ist harmonisch und hat ihren Ursprung in der Vollständigkeit unseres Seins.

Wir alle kennen Menschen, die im allgemeinen freundlich sind und andere, die unfreundlich sind. Wollen Sie sagen, dass beide Verhaltensweisen – da sie ja aus dem Ego kommen und auf Motiven basieren – sich von den völlig selbstlosen Handlungen, die wir besprochen haben, unterscheiden?

Wahre Freundlichkeit ist völlig natürlich, spontan und mühelos. Sie berührt uns direkt und erreicht unser Herz. Diese Art Freundlichkeit mag dem, was wir uns unter Freundlichkeit vorstellen, nicht immer entsprechen. Manchmal kann sie wie Zorn aussehen. Sie geht nicht immer mit einem ständigen Lächeln und einer sanften Stimme einher. Wahre Freundlichkeit entspringt dem Leben selbst. Aus diesem Grund ist sie immer völlig in Harmonie mit der Situation. Falsche Freundlichkeit entspringt einer Absicht, einem Zweck, der sich auf eine persönliche Wesenheit bezieht. Dieses Ziel kann ein weltliches oder sogar ein spirituelles sein wie zum Beispiel das Begehren, im nächsten Leben im Himmel zu sein. Egal um welches Ziel es sich handelt – wenn ein persönliches Motiv vorhanden ist, geht es nie um Mitgefühl.

Viele Menschen würden Ihnen Recht geben, wenn Sie sagen, dass Mitgefühl kein ständiges Lächeln und keine sanfte Stimme ist. Doch wenn Sie sagen, dass es wie Zorn aussehen kann, würden sie das sicher in Frage stellen. Könnten Sie das genauer erkären?

Wenn Sie beobachten, wie ein Drogendealer sich an ein zehnjähriges Kind heranmacht, um ihm Kokain zu verkaufen, werden Sie vielleicht auf eher unsanfte Art reagieren. Sie würden Ihr Lächeln und vielleicht sogar Ihre sanfte Stimme vergessen. Doch diese Handlung wäre frei von persönlichen Motiven und würde sowohl dem Kind als auch letztlich dem Drogendealer nützen.

Inwiefern würde sie dem Drogendealer nützen?

Die Konfrontation mit Ihrem authentischen Zorn oder Ihrer jeweiligen Art zu handeln würde ihm die Gelegenheit geben, zu erkennen, was er da tut und aufzuwachen.

Könnten Sie eine Szene beschreiben, wo eine anscheinend freundliche und hilfreiche Person, die in Wahrheit aber verborgene Motive hat, durch Wahrhaftigkeit konfrontiert wird? Würde sie, wie der Drogendealer, durch die Echtheit aufgeweckt werden?

Echtheit weckt die Person niemals auf – sie vernichtet die Person. Ihre reine Unschuld und Ihre urteilsfreie Wahrhaftigkeit sehen oder fühlen die verborgenen Motive hinter der äußeren Freundlichkeit eines Menschen. Sie bleiben unberührt, transparent. All seine Versuche Sie einzuwickeln misslingen, und das fällt ihm auf. Die natürliche Würde Ihrer ungebundenen Haltung lässt ihn erkennen, wie unangemessen sein eigenes Verhalten ist. In Ihnen gibt es niemanden, der von seinen Handlungen betroffen wäre – sie werden also wie von einem Spiegel auf ihn zurückgeworfen. Das gibt ihm die Möglichkeit zur Einsicht.

Das Ego kann also Handlungen hervorbringen, die mitfühlend oder nicht mitfühlend erscheinen;

doch echtes Mitgefühl ist unser wahres Wesen, und wirklich mitfühlende Handlungen können nur aus ihm entstehen.

Ja.

Wie können wir anderen helfen – und können wir das überhaupt?

Solange es die anderen gibt, kann Ihr Verhalten nicht in der Liebe verwurzelt sein. Um anderen zu helfen, sollte man zuerst klar erkennen, dass es keine anderen gibt. Man sollte aufhören, dem anderen ein „ich" aufzuerlegen und ihm damit das Konzept einer Person überzustülpen. Um diese Projektion zu beenden, muss man zuerst damit aufhören, sich selbst als Person zu begreifen. Unsere Handlungen werden sonst immer von irgendwelchen Motiven befleckt sein. Wer anderen helfen will, muss zuerst sich selber helfen. Wer andere lieben will, muss zuerst sich selber lieben. Wahre Hilfe kommt aus dem Verstehen, dass wir keine persönlichen Wesenheiten sind.

Manche Menschen fühlen sich vielleicht vom Nicht-Dualismus angezogen, um mit den negativen Emotionen, die sie ihr Leben lang geplagt haben, besser umgehen zu können. Sie werden vielleicht von Angst, Wut, Eifersucht oder Depressionen heimgesucht. Könnten Sie etwas sagen, um diesen Menschen zu helfen?

Wenn jemand die Gesundheit sucht, ist das ein Zeichen dafür, dass er selbst die Gesundheit ist. Wie könnte der Wahnsinn den Wahnsinn oder eine Täuschung die Täuschung erkennen? Diese Suche nach der wahren Identität setzt ein, weil schon ein gewisser Grad an Gewahrsein vorhanden ist, der der eigentlichen Gesundheit des Menschen entstammt. Es ist also ein positives Zeichen. Er muss auf der Ebene beginnen, wo er selbst sich befindet, das heißt er muss sich seiner derzeitigen Situation ganz und gar stellen. Zum Beispiel ist es völlig in Ordnung, nicht alles zu verstehen, was hier gerade besprochen wird. Ein Problem gäbe es erst, wenn er sich etwas vormachen würde und sich selbst gegenüber nicht wahrhaftig wäre. Um überhaupt irgendetwas zu verstehen, muss er sehr einfach und schlicht sein. Er muss mit der Aufrichtigkeit und persönlichen Zurückhaltung eines Wissenschaftlers beginnen, der ein Experiment durchführt.

Wir sollten uns nicht nur unserer persönlichen Motive und der Art, wie wir mit anderen (Familie, Freunde, Arbeitskollegen) umgehen, bewusst werden, sondern auch des Ursprungs unserer negativen Emotionen, nämlich der Person, für die wir uns halten und deren Überleben zu diesen negativen Emotionen führt. Wir sollten uns bewusst machen, welche Auswirkungen diese Emotionen auf unseren Körper haben, wo wir sie als Empfindungen wahrnehmen. Wir sollten diese Körperempfindungen willkommen heißen, wenn sie erscheinen, ohne uns an ihnen zu erfreuen oder sie zu fürchten, und uns der Situation und den Sinnes-Informationen aus unserem Körper und aus der so genannten Außenwelt stellen.

Diese Untersuchung kann sich nicht auf zwei halbstündige Meditationen am Tag beschränken. Sie muss uns jeden Moment beschäftigen. Wir müssen unsere Reaktionen auf Alltagssituationen entdecken und eine offene und empfängliche Haltung pflegen, die frei von Urteilen und Meinungen ist. Wenn wir uns selbst oder andere verurteilen, sollten wir das einfach nur sehen, bemerken und weitergehen. Wir können es als eine Art wiederkehrende schlechte Angewohnheit sehen. Wenn wir gegen sie angehen, verstärken wir sie; lassen wir sie dagegen sein, lässt auch sie uns sein. Es ist nur wichtig, das zu erkennen. Dadurch geschieht eine Verwandlung, eine Reinigung. Unser Leben scheint sich in verschiedene Einzelteile wie zum Beispiel unser Arbeitsleben, Eheleben und Privatleben aufzuspalten. Allmählich beginnen wir die Harmonie zu spüren, die diese Fragmente verbindet. Später entdecken wir, dass wir selbst die dahinterliegende Einheit sind.

Wenn jemand meistens ärgerlich oder unglücklich ist, warum beweist dann sein Bestreben, von diesen

Gefühlen loszukommen, dass irgendwo im Hintergrund Glück, Liebe und Gesundheit zu finden sind?

Wenn jemand sich mitten in einer Depression befindet, ist er so in ihr gefangen, dass die Frage: „Wie kann ich hier herauskommen?" gar nicht erst aufkommt. Diese Frage stellt sich erst, wenn ein gewisses Bewusstsein über die Situation vorhanden ist. Zuerst sollte man also diese Fähigkeit bewusst zu sein erkennen, weil dadurch ein Abstand zwischen dem Unglücklichsein und dem Zeugen entsteht...

Das Bewusstsein über dieses Unglücklichsein?

Ja, dann ist man der Zeuge. In einer tiefen Depression gibt es dieses Bewusstsein nicht...

Ja, es ist ein psychotischer Zustand.

Und es gibt zu dem Zeitpunkt keine Möglichkeit für eine therapeutische Intervention. Doch selbst die tiefsten Depressionen sind Zustände, und jeder Zustand hat einen Anfang und ein Ende. Er ist nicht für immer. Wenn wir unsere Depression und unser Unglücklichsein prüfen, dann können wir die Schönheit darin erkennen: „Ich bemerke es, also bin ich nicht mehr hundert Prozent unglücklich. Ich stecke nicht völlig darin. Irgend ein Teil von mir ist frei von der Depression", anstatt noch depressiver zu werden und uns mit Statements wie: „Na klar, ich hab's wieder mal geschafft!" selbst zu verurteilen.

Warten Sie mal! Ein depressiver Mensch wird ziemliche Schwierigkeiten haben, die Schönheit seiner Depression zu sehen!

Ich habe nicht davon gesprochen, die Schönheit der Depression zu sehen. Ich spreche von der Schönheit, sich ihrer bewusst zu sein.

Von der Schönheit des Bewusstseins?

Ja. Ein Therapeut sollte seinen Patienten auf dieses positive Element hinweisen, damit dieser die Bewusstseinsqualität, auf der letztendlich allein die Heilung beruht, erkennen kann.

Ich würde einem solchen Menschen also sagen: „Ihre innere Fähigkeit, zu erkennen wie Sie sich fühlen und was Sie denken, ist in sich schon sehr bedeutungsvoll. Sie brauchen ihr nur mehr Raum zu geben, sie willkommen zu heißen, sie einzulassen und für sie offen zu sein.“ Diese Fähigkeit führt, wenn sie einmal erkannt worden ist, ein Eigenleben.

Sie schlagen vor, dass der Patient sich nicht länger in der Depression verwurzelt, sondern in seinem Bewusstsein über die Depression.

Ja. Es wird Rückfälle geben, aber zwischen den Rückfällen wird schon ein klares Verständnis vorhanden sein. In diesem klaren Verständnis lösen sich die falschen Vorstellungen und der angesammelte Müll spontan auf. Das kann man mit einem dunklen Raum vergleichen, in dem die Dunkelheit sich durch das Licht auflöst, welches hineinströmt, wenn wir ein Fenster öffnen. Es wird auch eine bleibende Erinnerung an diese Bewusstseinsqualität geben, an diesen Abstand, dieses Verständnis, wonach wir nicht die Ausführenden unserer Handlungen sind...

Noch die Erleidenden unsere Depressionen.

Genau. Sie sind wie die Wolken am Himmel. So wie das Strahlen der Sonne die Wolken auflöst, wird das Bewusstsein als höchstes Heilmittel dienen.

Empfehlen Sie die Praxis des Hatha-Yoga oder irgendeine andere körperorientierte Methode?

Was das Hatha-Yoga oder andere körperorientierte Methoden betrifft, so sollte man sich seiner Ziele sehr bewusst sein. Wenn eine Methode die Vorstellung, eine separate Wesenheit zu sein oder die Identifikation mit dem Körper vertieft, würde ich mich von ihr fern halten. Man sollte jede Methode vermeiden, die davon ausgeht, dass das Ego zu einem besseren Ego werden könnte und dass man durch Körperveränderungen und Übungen dichter an die Wahrheit gelangt. Jeder Versuch, der von einer persönlichen Wesenheit oder Bemühungen ausgeht, ist zum Scheitern verurteilt.

Es gibt allerdings noch eine andere Antwort auf Ihre Frage. Haben wir erst einmal verstanden, dass wir selber das sind, was wir suchen (es gibt nur ein Ding, es gibt keine Pluralität, und wir sind dieses eine Ding – das Bewusstsein), dann muss diese Einsicht alle Ebenen der Körper-Mentalstruktur durchströmen. Diese Einsicht führt dazu, dass es keine festen Vorstellungen und Pläne mehr gibt. Ich würde eine Herangehensweise vorschlagen, die auf den Empfindungen beruht: Diese Ansammlung von Empfindungen, welche wir als Körper bezeichnen, genauer anzuschauen; zu wissen, dass sie nichts anderes sind als Bewusstsein; offen für sie zu sein und ihnen die Gelegenheit zu geben, sich in unserer empfangenden Präsenz zu entfalten. Die Energien, welche in der somatischen Struktur gebunden waren, werden durch dieses Erwachen der Sinne freigesetzt und die Einsicht, dass sich die Welt in uns befindet, wird zu einem lebendigen Erlebnis.

Was ist eine Empfindung?

Was haben Sie im Sinn, wenn Sie diese Frage stellen?

Wenn ich meine Erlebnisse nachprüfe, finde ich, dass sie aus Konzepten und Sinneswahrnehmungen bestehen. Die Konzepte entstehen – jedenfalls zunächst – aus den Sinneswahrnehmungen, obwohl sie auch von vorherigen Konzepten abgeleitet sein können. Die Grundelemente meines Erlebens sind, wenn ich das mal so sagen darf, meine Sinneswahrnehmungen. Es ist also wichtig, das Wesen dieser Grundelemente zu kennen.

Aus der nicht-dualen Perspektive gesehen gibt es so etwas wie eine Sinneswahrnehmung nicht.

Aus der Perspektive gibt es auch so etwas wie ein Erlebnis nicht.

Genau. Niemand empfindet und nichts wird empfunden. Es gibt nur das Empfinden, ein nicht-duales Erlebnis – die Realität. Das

Konzept der Empfindung setzt eine Wahl voraus, eine Unterscheidung. Wenn ich sage: „Ich sehe dieses Ding", dann meine ich damit eine spezifische Erfahrung, die sich vom Berühren, Hören und so weiter unterscheidet. Ich sage damit auch, dass das Sehen zu einem bestimmten Zeitpunkt beginnt, eine bestimmte Dauer hat und zu einem anderen Zeitpunkt endet. Ich setze damit also Grenzen – zum Beispiel definiere ich, was es nicht war (Berühren oder Hören) und wann es nicht war (bevor es begann, nachdem es endete). Indem ich im Nachhinein diese Begrenzungen auf mein echtes Erlebnis projiziere, welches keine Grenzen hat, erschaffe ich dieses gewisse Objekt namens Empfindung. Doch die Begrenzungen besitzen keine eigentliche Realität, sondern sind – genauso wie der Schwanz oder der Kopf einer Katze – Konzepte.

Wenn wir sagen „Zucker ist keine Süße", dann machen wir einen Unterschied zwischen dem Wort Zucker, einem Konzept, und der Empfindung von Süße, die keines ist. Was ist das Wesen dieses Dinges, das kein Konzept ist?

Es ist die Wirklichkeit selbst, unser wahres Wesen. Doch als solches ist es nicht begrenzt. Erst ein Konzept begrenzt es.

Wenn ich also die Farbe Rot erlebe...

Sind Sie eins mit ihr.

Es ist ein Erlebnis, irgendwie nicht begrenzt, aber es ist auch nicht blau.

Es ist nur das Sehen, und im Anschluss an das Erlebnis charakterisieren Sie es, indem Sie sagen „Das war rot".

Also ist eine Sinneswahrnehmung, die objektiviert wurde, ein Konzept – doch als Sehen oder Hören ist sie das Gewahrsein selbst.

Ja, das wahre Wesen einer Sinneswahrnehmung ist Gewahrsein. Wir sind eins mit ihr.

Was ist in dieser Perspektive das Wesen der Gefühle und Emotionen?

Gefühle und Emotionen haben einen tiefen Einfluss auf den Körper. Es sind Sinneswahrehmungen, die durch feinere mentale Impulse ausgelöst werden, welche wiederum zwei verschiedenen Quellen entspringen können:

• Die erste Art von Impulsen hat ihren Ursprung im Mentalen, in dem Konzept, das uns zu begrenzten Wesenheiten erklärt. Sie entsprechen den negativen Emotionen wie Wut, Hass und Angst. Sie führen auf der somatischen Ebene zu Stress, Schwere, Druck, Einengung oder Anspannung. Sie verschaffen uns das lokalisierte, begrenzte Gefühl eines Körpers aus Fleisch und Knochen.

• Die zweite Art von Impulsen hat ihren Ursprung jenseits des Mentalen, nämlich in unserem letztendlichen Urgrund. Sie entsprechen den positiven Emotionen wie Liebe, Glück, Dankbarkeit, Staunen, Respekt und Schönheitsempfinden. Sie führen auf der somatischen Ebene zu Befreiung, Erleichterung und Entspannung. Durch sie fühlen wir unseren Körper als eine nichtlokalisierte Ausdehnung des Bewusstseins.

Aufgrund Ihrer Beschreibung von positiven Emotionen, die zur Ausdehnung und Entspannung führen, und von Gefühlen, die aus dem Ego kommen und Einengung und Anspannung nach sich ziehen, würde ich annehmen, dass Erstere mehr als die Letzteren dazu neigen, langfristige Spuren im Körper zu hinterlassen.

Die Ersteren haben sogar die Macht, die Spuren der Letzteren auszulöschen. Wenn jemand in einer angespannten Situation zum Beispiel einen Witz macht, erleichtert uns das und wir entspannen ein wenig, weil Humor zu den positiven Emotionen zählt.

Sie beschreiben hier, wie die körperlichen Spuren eines gegenwärtigen negativen Zustandes durch das plötzliche Erscheinen positiver Emotionen getilgt

werden. Ich meinte aber einen chronischen negativen Zustand, der vielleicht schon seit Jahren im Körper verankert ist.

Ich wollte mit meinem Beispiel aufzeigen, dass wir diesen Mechanismus und seine Funktionsweise schon kennen. Wenn wir häufig psychologische Zustände erleben, die zu negativen Emotionen führen, wird sich das auf der somatischen Ebene, in den Muskeln und sogar den Zellen als ein chronischer Zustand etablieren.

Es muss also eine Art fortlaufende Veränderung von Struktur und Funktion geben?

Ja.

Und diese Struktur, die über die Jahre verändert worden ist, kann immer noch von der Kraft der positiven Emotionen aufgelöst oder aufgehoben werden?

Ja, durch die Kraft des Bewusstseins. Wenn wir zulassen, dass das Bewusstsein den Bereich der Körperempfindungen auf die gleiche Art durchdringt wie ein Licht, das die Dunkelheit vertreibt, dann verändert das die gesamte somatische Struktur und beseitigt alte Rückstände. Dieser Prozess kann eine Weile dauern. Wenn ich meine Schultern dreißig Jahre lang wegen meiner ständigen Ängste hochgezogen habe, muss ich zunächst die Angst loswerden. Das geschieht in dem Moment, wo ich erkenne, dass ich keine persönliche Wesenheit bin. Dann wird mein Körper mir irgendwann ein Signal, eine Sinneswahrnehmung schicken, um mir mitzuteilen, dass diese defensive Haltung unter den gegebenen Umständen nicht mehr nötig ist, und meine Schultern werden sich entspannen. Schließlich werden aus einer verfeinerten Ebene neue Empfindungen aufsteigen, und wenn sie mit der richtigen Aufmerksamkeit empfangen werden, kommt es auf dieser Ebene zu einem weiteren Loslassen.

Auf diese Art durchzieht das Bewusstsein allmählich die gesamte Körperstruktur und -beschaffenheit, und es löst die somatischen Ego-Rückstände auf. Wenn sich das Körperbewusstsein vertieft, verschwinden Schwere und Anspannungen. Der Körper fühlt sich durchlässig, leicht und schließlich „leuchtend" an. Er wird nicht mehr als eine materielle Masse wahrgenommen, die mit der Oberfläche der Haut endet, sondern als ein subtiler Fluss von Bewusstsein, der sich in den umgebenden Raum hinein ausdehnt und ihn später sogar in sich enthält.

Wenn das zu unserer Erfahrung wird, können wir mit Recht behaupten, dass wir in der Gegenwart körperlicher Empfindungen und Wahrnehmungen im Bewusstsein verankert bleiben oder, anders ausgedrückt, dass die Welt sich in uns befindet.

Diese Umgestaltung und Verklärung des Körpers werden durch unser Verständnis ermöglicht, dass wir keine begrenzte Wesenheit sind, welches wiederum zu der richtigen empfänglichen Haltung führt. Dieses Verständnis besteht in der augenblicklichen Erkenntnis unserer offenen Gegenwärtigkeit, des Bewusstseins, welches die falschen Identifikationen in den Flammen unserer ewigen Herrlichkeit verbrennt.

Könnten Sie ein wenig darüber sprechen, wie Ihr Meister Ihnen helfen konnte?

Seine Worte löschten meine mentalen Zweifel aus und öffneten mich der Möglichkeit, dass wir zwischen den mentalen Ereignissen als Bewusstsein gegenwärtig sind. Seine Gegenwart machte aus dieser Möglichkeit eine lebendige Realität.

Kapitel 11
Der Tiefschlaf existiert, der Tod nicht

Wodurch erscheint die vielfältige Welt als ein homogenes und bedeutungsvolles Ganzes?

Durch ihre Quelle, das Bewusstsein. Es verbindet die verschiedenen Elemente miteinander, weil zwei Objekte sich nie direkt aufeinander beziehen können. Jedes Objekt bezieht sich nur auf seine Quelle, das Bewusstsein. Zwei Objekte, ob nun Gedanken oder Wahrnehmungen, können nie in einer direkten gegenseitigen Beziehung stehen.

Wenn keine zwei Objekte in Beziehung zueinander gesetzt werden können, und nur ein Objekt auf einmal erscheinen kann, könnten wir als Resultat eine fragmentierte Darstellung erwarten. Doch sie erweckt in uns den Eindruck einer fortlaufenden und ununterbrochenen Substanz, die weder Löcher aufweist noch fragmentiert ist. Woher kommt die scheinbare Kontinuität des Ganzen?

Vom Bewusstsein. Diese Kontinuität ist die des Bewusstseins. Diese Dauerhaftigkeit gehört nicht der Welt an. Das wird ersichtlich, wenn wir vom Wachzustand zum Träumen oder zum Tiefschlaf übergehen. Die Welt borgt ihre Kontinuität vom Bewusstsein wie die Leinwand, die hinter dem Film das permanente Element darstellt. Von diesem Blickpunkt aus gesehen sind Kontinuität, Wirklichkeit, Sein und Bewusstsein das Gleiche. Sie beziehen sich auf das gleiche „ich bin“.

Könnten Sie etwas über die buddhistische Sicht sagen, in der das Universum, genau wie ein Film, als eine Serie von unbeweglichen Einzelaufnahmen erscheint? Ramana Maharshi hat dieses Gleichnis ebenfalls benutzt. In der Physik dagegen wird so etwas nicht festgestellt. Wenn es dort überhaupt so etwas wie eine Diskontinuität gibt, dann erscheint sie in der Quantenphysik, wo der Prozess der Beobachtung oder des „Messens“ eines physischen Systems eine abrupte Unterbrechung zu erzeugen scheint. Die Buddhisten behaupten, dass diese Unterbrechungen existieren und dass man sie erleben könne. Würden Sie sagen, dass das Bewusstsein einer Sache Kontinuität „verleiht“, die eigentlich keine besitzt?

Ja, die wahre Kontinuität liegt im Bewusstsein. Das Bewusstsein ist die einzige „Sache“, die wir direkt als fortlaufend und ununterbrochen erleben. Alles andere ist unbeständig. Die Welt erscheint nur deshalb als beständig, weil wir den Schwerpunkt vom Bewusstsein auf die Objekte, die Erscheinungen, verlegt haben.

Was ist der Unterschied zwischen dem Tiefschlaf und dem Tod?

Der Tiefschlaf IST, der Tod ist nicht.

Würden Sie das weiter ausführen?

Der Tod ist eine Überlagerung, während der Tiefschlaf unser wahres Wesen ist. Der Tod ist nicht wirklich, der Tiefschlaf dagegen unsere fortwährende Realität.

Ich glaube diese Frage entspringt der Annahme, dass das Bewusstsein im Tiefschlaf abwesend ist, weil es keine Erinnerung gibt. Deshalb also die

scheinbare Ähnlichkeit: die Abwesenheit des Körpers, der Welt, des Bewusstseins.

Ja, doch was Sie sehen, wenn Sie auf einen bewegungslosen Körper schauen, ist nicht die wirkliche Todeserfahrung. Nur das direkte Wissen ist von wahrer Bedeutung, nicht die Projektionen.

Wenn Sie einen toten Körper neben einem schlafenden sehen, würden Sie dann nicht sagen, dass der eine mehr oder weniger eine Projektion ist, als der andere?

Natürlich nicht. Doch Sie sprechen über ein Konzept vom Tiefschlaf oder vom Tod, nicht über das eigentliche Erlebnis.

Gewiss, doch die Frage kommt aus einer verbreiteten Erfahrung. Wir besitzen kein direktes Wissen über den Tod und absolut keine Erinnerung und kein Wissen vom Tiefschlaf. Welches unmittelbare Wissen besitzen wir also von ihnen?

Wir besitzen ein sehr gutes unmittelbares Wissen vom Tiefschlaf. Wenn wir aufwachen, ändert sich nichts wirklich, so wie sich auch die Leinwand nicht ändert, wenn der Film beginnt. Sie ist vor und nach dem Film genauso da wie während seiner Laufzeit. Der Tiefschlaf ist beständig und jederzeit vorhanden. Sich ihn als einen Zustand vorzustellen, der mit unserem „Einschlafen" beginnt und mit unserem „Aufwachen" endet, würde bedeuten, die Leinwand beim Ablauf des Filmes von der Leinwand ohne Film zu unterscheiden. Diese Unterscheidung ist nichts als ein Konzept über die Leinwand. Sie ist immer gleich.

Das, was wir normalerweise über den Tiefschlaf denken, ist also genauso ein Konzept wie es der Tod ist?

Ja.

Wenn Sie sagen, dass der Tiefschlaf IST und der Tod nicht, dann meinen Sie nicht den üblichen Tiefschlaf?

Ich meine nicht den Zustand des Tiefschlafs. Wir besitzen ein sehr gutes direktes Wissen vom Tiefschlaf. Uns fehlt allein die objektive Erinnerung an die Erfahrung, – doch die Abwesenheit von Erinnerung bedeutet nicht, dass es keine Erfahrung gab. Das trifft sogar auf objektive Erfahrungen zu. Wenn ich Sie fragen würde: „ An was haben Sie am 17. Mai 1979 um 20.14 Uhr genau gedacht?", dann werden Sie es wahrscheinlich nicht erinnern. Trotzdem zweifeln Sie nicht daran, dass Sie zu jenem Zeitpunkt existiert haben. Zweifeln Sie daran, dass Sie im Tiefschlaf existiert haben? Schlafen Sie als John ein und wachen als Bill auf? Oder schlafen Sie als „ich" ein, schlafen als „ich" und wachen als „ich" auf, als ewig unveränderter Zeuge all dieser Veränderungen? Wenn Sie sagen: „Ich habe gut geschlafen", dann ist das der Beweis für Ihre Präsenz als Bewusstsein während des Tiefschlafs.

Welche Bedeutung hat eine leidenschaftslose Haltung im Streben nach der Wahrheit, und auf welche Weise ist das Gewahrsein leidenschaftslos?

Leidenschaft entspringt dem Glauben, dass es etwas zu gewinnen oder zu verlieren gibt. Dann existiert irgendwo, irgendwie eine Zersplitterung, eine Unvollständigkeit, ein Mangel, welcher zu dieser Dynamik namens Leidenschaft, Begehren, Angst und so weiter führt. Doch in dem Einssein unseres wahren Wesens gibt es weder etwas zu gewinnen noch etwas zu verlieren. Diese höchste Präsenz hat keine Motivation und kein Ziel. Sie ist völlig neutral, völlig unschuldig und auf spontane Art leidenschaftslos. Die Leidenschaftslosigkeit können wir nicht als eine Eigenschaft kultivieren; sie ist eine natürliche Begleiterscheinung, wenn wir uns in unserem wahren Boden verwurzeln. Das Gewahrsein ist von Natur aus leidenschaftslos.

Wie würde diese Leidenschaftslosigkeit auf einen Außenstehenden wirken? Der Mensch müsste sich immer noch um seine körperliche Sicherheit kümmern und auf widersprüchliche soziale Anforderun-

gen reagieren. Er müsste Entscheidungen treffen. Er müsste weiterhin seinen Lebensunterhalt verdienen, Essen kaufen und die Miete zahlen. In welchem Sinne gibt es da keine Zielorientiertheit und kein Ziel?

Dieser Mensch mag in dem, was er tut, sogar leidenschaftlich und glücklich erscheinen, weil er es ohne Motivation tut. Egolose Handlungen bringen Eigenschaften von Freiheit und Begeisterung zum Vorschein, die denen eines spielenden Kindes gleichen. Kinder sind ebenfalls leidenschaftslos – wenn das Spiel endet, kommt es ihnen nicht auf das Resultat an. Sie sind bereit, sich am nächsten Spiel zu erfreuen.

Mit Leidenschaftslosigkeit meinen Sie also einen Zustand, in dem es keine Eigeninteressen oder Absichten gibt, sondern nur die spontane Freude an dem, was man gerade tut?

Ganz genau. Alles ist das Höchste. Alles ist ein Ausdruck der Freude. Darum hat wahre Leidenschaftslosigkeit nichts mit Fatalismus zu tun. Fatalismus führt zu passivem, stumpfem Verhalten ohne Freiheit und Spontaneität, während Leidenschaftslosigkeit weder passiv noch aktiv ist. Wenn die Umstände keine Aktion erfordern, ist sie passiv und friedlich, ist es jedoch nötig, zu handeln, dann ist sie aktiv und freudig. Unser innerster Kern wird davon allerdings nicht berührt und steht in all seiner leidenschaftslosen Herrlichkeit abseits, als Zeuge der so genannten Handlungen.

In alten indischen Tempeln gibt es Steinreliefs, welche Götter und Göttinnen bei den verschiedensten sexuellen Aktivitäten darstellen. Die Gesichtsausdrücke dieser Gottheiten und Weisen sprechen von einer völligen Losgelöstheit, einer absoluten Gelassenheit, in denen sich der Frieden und die Leidenschaftslosigkeit des Höchsten ausdrücken, während der Körper als Symbol des individuellen und des kosmischen Körpers seinen spontanen Aktivitäten nachgeht.

Eine offensichtliche Konsequenz der Nicht-Dualität ist, dass es keine anderen gibt. Wie wird das soziale Leben erlebt und geführt, wenn diese Tatsache klar etabliert ist?

Wir alle kennen kostbare Momente in unseren Beziehungen, Momente selbstloser Liebe, des Loslassens und wechselseitigen Verständnisses, wo zwei Herzen ihre wahren Gefühle ohne Worte austauschen. Genau so.

Aber das sind nur Momente. Sie sagten, der Fluss sei ununterbrochen. Für die meisten sind diese Momente relativ selten, und fast alle sozialen Ereignisse führen zu klaren Gefühlen einer Konkurrenz und Gegnerschaft mit den anderen.

Das ist wahr, aber wir kennen diese Momente, und sie erfüllen uns mit Sehnsucht nach dem Einssein, nach der Erfüllung, welche wir erlebt haben. Am wichtigsten ist es, zu verstehen, dass wir während dieser Momente als Bewusstsein jenseits aller mentalen Ereignisse da waren. Wenn wir uns dort verwurzeln, gibt es keine Trennung mehr, kein Bewusstsein von David oder Francis. Diese Erfahrung hat ihren eigenen Duft, und dieser Duft ist unvergesslich.

Wenn es keine anderen gibt, dann sind die Handlungen zwischen den Menschen auch keiner Moral unterworfen. Gibt es in der Nicht-Dualität keinerlei moralische Sichtweise?

Nein. Moral ist nicht nötig, denn eine Handlung, die aus dem Verständnis und der Erfahrung kommt, dass es keine anderen gibt, kann nicht verletzen. Sie ist vollkommen, gerecht, völlig „am rechten Platz". Ich will damit nicht sagen, dass die von den Religionen und der Gesellschaft etablierte Moral nicht ihren Wert hat. Moral ist nützlich, um in der Gesellschaft eine gewisse Ordnung aufrechtzuerhalten und Chaos zu verhindern. Sie hat ihren Ursprung in den tiefen spirituellen Einsichten von Religionsgründern, dient oft aber auch soziologischen Interessen, die einer bestimmten Zivilisation zu eigen waren und jetzt, in einem anderen Umfeld, längst überholt sind. Wahre Moral wird von Augenblick zu Augenblick erschaffen. Sie steht völlig im Einklang mit einer gegebenen Situation, denn sie entspringt dem Leben selbst. Das ist die Bedeutung des Ausspruchs: „Die Welt tötet, doch der Geist schenkt Leben."

Wenn Verständnis da ist und wenn es keine anderen gibt, dann gibt es auch hier niemanden. Es gibt überhaupt niemanden. Jede Frage, die aufkommt, wird sofort und völlig adäquat abgehandelt. Die meisten Gesetze und Vereinbarungen, welche die Gesellschaft zusammenhalten, werden gewöhnlich geachtet – nicht, weil sie für die höchste Wahrheit gehalten werden, sondern weil man in der Abwesenheit einer Getrenntheit spontan und im Einklang mit den Umständen ein guter Vater, eine gute Mutter, ein guter Ehepartner, ein guter Nachbar und ein guter Mitmensch ist.

Welche Bedeutung hat die Vernunft?

Die Vernunft ist ein Werkzeug. Logische Beweisführungen finden in der Zeit statt. Selbst wenn es, wie zum Beispiel in der Wissenschaft, um relatives Wissen geht, stehen die zeitlich ablaufenden logischen Beweisführungen nicht im Zentrum des kreativen Prozesses. Bevor wir beispielsweise die Lösung für eine Mathematikaufgabe finden, geschieht parallel eine Art räumliche „Visualisation" ihrer verschiedenen Komponenten, die sie auf ein synthetisches Ganzes reduziert (synthetisieren bedeutet zusammenfügen), damit sie sich in das Ganze, in die Intelligenz auflösen können. Die Verben „auflösen" und „lösen" haben übrigens dieselbe Wurzel und dieselbe wörtliche Bedeutung. Wenn die verschiedenen Elemente des Problems an die richtige Stelle gerückt werden, ist die (Auf-)Lösung ganz nah.

Wir können diesen räumlichen „Visualisierungs"-Prozess mit dem Lösen eines Puzzles vergleichen, wo die verschiedenen Teilchen ein vorläufiges Bild ergeben, welches das Endresultat soweit erahnen lässt, dass wir die „Lücken füllen" können. Plötzlich „sehen" wir die Lösung, das heißt, wir sehen, wie unser gegenwärtiger mentaler Inhalt sich in der Intelligenz auflöst.

Was wir mit logischen Gedankengängen bezeichnen, oder zumindest ihr kreativer Anteil, basiert auch auf der relativen Ebene auf diesem „Visualisierungsprozess". Das gleiche Werkzeug können wir auch auf der absoluten Ebene für unsere Wahrheitssuche nutzen. In diesem Fall wird es durch die Intuition über unser wahres Wesen in Gang gesetzt. Im Anschluss an diesen Einblick werden unsere mentalen Fähigkeiten mit all ihren Möglichkeiten, wie der logischen Beweisführung, zum Sklaven des Höchsten.

Von da an wird also die logische Beweisführung zur höheren Logik?

Richtig, denn sie wird vom Zeitlosen geführt...

Und richtet sich auf das Zeitlose...

Ja, und bezieht ihre Überzeugung, ihre Gewissheit vom Höchsten. Es ist ein sehr freudvolles Ereignis, sich endlich auf festem Boden zu befinden.

Es gibt verschiedene Wege zur Wahrheit. Wir können uns ihr auf den verschiedensten Ebenen und durch die verschiedensten Meister annähern. Einige Meister können uns in die Irre führen. Einige Meister leben nicht in der Wahrheit. Wenn ein Suchender einen bestimmten Weg verfolgt, wie zum Beispiel diesen hier – wie kann er wissen, dass er nicht in die Irre geführt wird? Wie kann er wissen, dass er etwas erreicht hat, was ihn in die Wahrheit bringen wird? Woran erkennt man diese Echtheit?

Seine eigene Befriedigung wird ihm die Antwort geben. Woran erkennen Sie, dass Sie glücklich sind? Sie wissen es einfach. Sie brauchen niemanden, der Ihnen sagt, dass Sie glücklich sind. Anders ausgedrückt – das Glück kennt sich aus sich selbst heraus. Das Zeichen einer Begegnung mit einem wahren Meister, einem Weisen (und einem Weisen zu begegnen bedeutet in Wirklichkeit, sich selbst zu begegnen) ist Freude. Am Glück kann man nicht zweifeln. Es spricht für sich selbst, in Ihrem Herzen.

Könnte es nicht sein, dass einige Suchende auf dem Holzweg sind und sich trotzdem bis zur Exstase glücklich fühlen, weil sie glauben, dass sie den Weg gefunden haben – obwohl sie in Wahrheit in die Irre geführt werden?

Dann begeben sie sich in einen Traum. Das ist so, als würden sie Drogen nehmen. Irgendwann müssen und werden sie aufwachen. Wenn ihr Glück auf einem Objekt aufbaut, wird es enden. Liegt ihr Glück hingegen in ihrer eigenen Freiheit, im Entdecken ihres eigenen Schatzes, dessen was sie wirklich sind, dann entsteht ein beglückendes und erhebendes Gefühl der Weite, das nie wieder verschwinden wird. Es ist absolut.

Kapitel 12
Sie sind in die Liebe verliebt

Ein moderner Lehrer der Nicht-Dualität hat geäußert, dass ein entspannter Körper ein toter Körper ist. Diese Aussage klingt für moderne Ohren ziemlich paradox. In unserer Gesellschaft ist Entspannung eine Tugend, die gesucht wird, und es gibt teure Methoden, um sie zu erlangen. Könnten Sie bitte erklären, was damit gemeint ist?

Eine Möglichkeit zur Klärung besteht darin, die gegensätzliche Frage zu stellen: Was ist ein Körper, der voller Leben ist? Was ist das Leben im Körper? Der letztendliche Ursprung von allem, das Leben selbst also, ist das Bewusstsein. Alles was erscheint, auch die Welt und der Körper, erwächst im Bewusstsein als Empfindungen oder Gedanken. Ein lebendiger Körper ist also ein Körper voller Bewusstsein, völlig offen im Bewusstsein.

Das sollte nicht als intellektuelle Behauptung verstanden werden – die vielleicht ihren eigenen Wert hätte. Es meint eine Erfahrung, wo der Körper nicht so, wie wir es kennen, als fest, dicht, schwer und tot erfahren wird, sondern als luftig, transparent, schwerelos und höchst lebendig. Solange wir die Vorstellung aufrechterhalten, dass wir unser Körper sind – ein Objekt mit Form und Schwere – dann erhalten wir seine Schwere, seine Festigkeit und seine Objekthaftigkeit aufrecht. Wir machen ihn unbeweglich und tot wie einen Stein.

Wenn Sie einen Stein als klar abgegrenzt und geformt, schwer und tot beschreiben würden, wären die Leute einverstanden. Würden Sie aber dasselbe über den Körper sagen, wenn er dicht und klar geformt erscheint, würden sie Ihnen widersprechen. „Nein“, würden sie sagen, „was wir mit lebendig bezeichnen, ist nicht formlos, leicht oder schwerelos, sondern sensibel und bewusst.“ Sie würden sagen, dass sie sich hinlegen, völlig entspannt sein, und trotzdem sensibel und höchst bewusst über ihre Umwelt sein können – also lebendig und nicht wie der Stein. Ich glaube, daher kommt die Schwierigkeit, den Ausdruck „ein entspannter Körper ist ein toter Körper“ zu verstehen.

Bevor wir darauf eingehen, müssen wir erst einmal verstehen, dass der Körper durch unsere Identifikation mit ihm getötet, und dass er durch unsere Disidentifikation von ihm lebendig wird. Jetzt zurück zu Ihrer Frage. Man könnte sagen, dass die höchste Entspannung jenseits von Aktivität und Passivität, von Anspannung und Entspannung stattfindet.

Diese höchste Entspannung können Sie nicht erreichen, solange Sie sich mit Ihrem Körper identifizieren. Mit ausgefallenen Entspannungsmethoden können Sie vielleicht eine gewisse Leere, Ausweitung oder Leichtigkeit erzielen, ja, am Ende sogar einen scheinbar völlig entspannten, leeren Körper haben. Na und? Sie sind immer noch in der Dualität gefangen und Ihnen gegenüber befindet sich ein totes Objekt, ein toter Körper. Früher oder später kommt die Langeweile, dann das Begehren, die Angst und die Aktivität.

Wenn wir verstehen, dass das was wir sind, nämlich das Bewusstsein, kein wahrgenommenes Objekt sein kann, disidentifizieren wir uns sofort und mühelos von unserem Körper und entdecken unser Selbst als offenes Willkommen jenseits aller Aktivität und Passivität. Von diesem Blickpunkt eines disidentifizierten Zeugen aus gesehen verlieren die psychologischen und somatischen Spuren vergangener Erfahrungen ihren Einfluss und ihre Bösartigkeit, bevor sie schließlich ganz verschwinden.

Nur auf diese Weise kann die völlige Leichtigkeit, auf die ich hingewiesen habe, erreicht werden. Solange wir uns mit einer wahrgenommenen Körper-Mentaleinheit identifizieren, bleibt diese Identifikation in Körperzonen erhalten, die wir bisher nicht erforscht haben und die dem Bewusstsein verschlossen bleiben, so wie in Gebieten muskulärer Anspannung, die wir für „uns" halten.

Dieses Schwarzweißbild von Körperempfindungen nennen wir gewöhnlich „ich" oder „mein Körper", und es entspricht dem, was ich als toter Körper bezeichne – einer Masse alter Muster, die aus der Vergangenheit stammen. Wenn die Versuche, die angespannten Bereiche zu entspannen, von der Person ausgehen, wird dieses dynamische Gebilde neue Gebiete auftun, um seine Existenz zu erhalten. Die angespannten Gebiete sind dann zwar befreit oder entspannt worden, doch zugleich werden an anderer Stelle neue Anspannungen hergestellt, und wir haben es immer noch mit einem toten „entspannten" Körper zu tun. Wir haben die Leiche einfach von einer Stelle zu einer anderen gezerrt.

Wahres Loslassen geschieht in der Abwesenheit eines Ego und jeglicher Dynamik. Die an alten Stellen eingefrorenen Energien werden daraufhin befreit und breiten sich in den umgebenden Raum aus, und die Blindzonen öffnen sich und werden sensibel, so dass die gesamte psychische Struktur allmählich in ihren natürlichen Zustand zurückkehrt.

Ich habe oft das Gefühl, dass es eine richtige Lebensweise geben muss, mit der ich sozusagen den Lärm in meinem Leben reduziere. Sollte ich mir das auferlegen oder wird es natürlich entstehen, wenn mein Verständnis sich vertieft?

Die richtige Lebensweise kommt nur aus dem Verständnis, aus einem sich selbst korrigierenden Prozess. Wenn wir verstehen, dass unsere alte Art, mit Situationen umzugehen, nicht angemessen war, ändern wir unsere Herangehensweise ganz von selbst. Diese Veränderung erfordert keine Mühe.

Sie kommt nicht aus dem Verstand?

Der Verstand kann als Werkzeug genutzt werden, aber es gibt keinen Widerstand. Wenn Sie klar einsehen, dass es nötig ist, eine bestimmte Aktion zu unternehmen oder zu unterlassen, dann handeln Sie, oder Sie lassen es bleiben. Da Ihre Handlung oder Nicht-Handlung einer klaren Vision entspringt, gibt es keinen Konflikt und keine Mühe.

Wenn Ihnen Ihr Meister zu irgend einer Sache in Ihrem Leben (die Sie selber nicht sehen) einen Rat gibt, sollten Sie ihm dann vertrauen und dem Rat folgen, anstatt selber das Problem zu erkennen und zu verstehen?

Ein wahrer Meister wird Ihnen nie etwas aufzwingen. Er wird vielleicht einen Vorschlag machen, den Sie in Erwägung ziehen können, indem Sie versuchen, das was er sieht und was Ihnen verborgen ist, ebenfalls zu sehen. Wenn zum Beispiel eine direkte Gefahr besteht und Sie keine Zeit zum Nachdenken haben, dann werden Sie vielleicht vertrauen und einfach handeln müssen, und das intellektuelle Verständnis auf später verschieben. Doch Ihr Vertrauen in den Meister – nicht in die Person, sondern in die höchste Wirklichkeit, die er so wundervoll verkörpert – entspringt einer höheren Intelligenz. Man kann deshalb sagen, dass Ihre Handlung nicht aus Ihrem Verständnis kommt.

Wahres Verständnis hat nicht unbedingt etwas mit rationalem Verständnis zu tun. Wenn wir von Liebe oder Schönheit berührt werden, entstammen auch diese Emotionen der höheren Intelligenz, selbst wenn sie manchmal irrational erscheinen. Wenn allerdings keine sofortige Aktion vonnöten ist, sollten Sie besser warten, bis Ihr Verständnis vollkommen ist. Ihr Meister mag Ihnen auf pädagogischer Ebene eine andere, harmonischere Lebenshaltung vorschlagen, von deren Richtigkeit Sie sich nur überzeugen können, indem Sie sie ausprobieren.

Jeder Lernprozess verlangt Vertrauen. Es befähigt den jungen Vogel, zum ersten Mal loszufliegen; gibt dem kleinen Kind, das noch nicht schwimmen kann, den Mut, ins Becken zu springen, wo die Mutter es mit offenen Armen erwartet; lässt den

Geigenschüler einen neuen Griff ausprobieren, den sein Lehrer ihm gerade empfohlen hat. Der Vogel vertraut aufgrund seines Instinkts, das Kind aufgrund seiner Liebe und der Geigenschüler aufgrund seiner Vernunft, – und der Wahrheitssuchende vertraut aufgrund des höchsten Verständnisses, welches Instinkt, Liebe und Vernunft umfasst. Das Ausprobieren gehört genauso zur spirituellen, wie das Experiment zur wissenschaftlichen Erforschung. Sie folgen dem Rat Ihres Meisters, doch am Ende müssen Sie Ihr eigenes Verständnis erwerben.

Es wäre also für niemanden von Nutzen, sich auf Ratschläge aus zweiter Hand zu verlassen? Zum Beispiel könnte Ihnen jemand sagen, dass sein Meister ihm geraten hat, Vegetarier zu werden.

Wenn es um Ratschläge aus zweiter Hand geht, sollten Sie sich stets vor möglichen Verzerrungen hüten. Begegnen Sie ihnen aber mit offenem Geist, besonders wenn es sich um direkte Vorschläge Ihres eigenen Meisters handelt. Sollte Ihr Meister Ihnen zum Beispiel vorschlagen, Vegetarier zu werden, dann sind Sie es ihm schuldig, diese Diät auszuprobieren. Nachdem Sie sie eine Weile getestet haben, können Sie aufgrund der Erfahrung Ihre eigene Entscheidung fällen. Das gehört zum Prozess des Entlernens und zeigt Ihnen eine Menge über Ihre alten Gewohnheiten und Überzeugungen. Wenn Sie in ein exotisches Land reisen würden, wäre das, was Sie in einer solchen neuen Situation über sich selbst lernen würden, wichtiger als die neuen Landschaften, die Sie sehen und die Menschen, denen Sie begegnen. Eine Veränderung Ihrer Essgewohnheiten gleicht einer Reise in ein unbekanntes Land.

Wenn ich auf die ursprüngliche Frage zurückkomme, heißt das also, dass nur in seltenen Notfällen etwas vorgeschrieben wird. Alles beruht auf dem Verständnis und dem Zulassen von Verständnis, um entsprechend zu handeln.

Genau. Es gibt allerdings Situationen, wo der direkteste Pfad darin besteht, auf den Vorschlag eines Menschen, dem Sie vertrauen, einzugehen und jede Schlussfolgerung aufzuschieben. Dann ist Ihr Verständnis nicht mehr nur intellektuell, sondern beruht auf Erfahrung, wie bei dem Beispiel mit dem Geigenschüler. Statt zu zögern und sich zu fragen, ob der Rat wohl nützlich wäre, würde er den Griff ausprobieren und sofort überzeugt sein.

Was, wenn man keinen Meister hat? Was tut man, um jemanden zu finden, der einem die Vorschläge macht, die einem dabei helfen, zu verstehen und die richtige Lebensweise zu entwickeln?

Zunächst müssen wir verstehen, dass die richtige Lebensweise nicht aus einer Sammlung von Rezepten oder Vorschlägen besteht. Leben und Kochen sind nicht dasselbe, und Bücher können uns nicht wirklich dabei helfen, die Beziehung zu unserem Partner, unseren Kindern und so weiter zu gestalten. Die richtige Lebensweise entspringt einem globalen Verständnis, das bestenfalls alle Inhaltsstoffe und das gesamte Know-how umfasst und den Schüler irgendwann befähigen wird, autonom und in Freude und Harmonie zu leben.

Dieses globale Verständnis steht im Prinzip jedem zur Verfügung, doch nur diejenigen, welche die nötige Reife erworben haben, sind für es offen. Als ich noch ein Neuling auf dem spirituellen Pfad war, nahm mich ein Freund einst in einen spirituellen Buchladen im Pariser Quartier Latin mit. Ich war erstaunt, in einer mir völlig vertrauten Umgebung einen neuen Buchladen zu entdecken – jahrelang war ich dieselbe Straße zu einer Zeit entlanggegangen, als mein Interesse an der höchsten Wahrheit noch nicht geweckt war. Als Student verbrachte ich viele Jahre in dieser Gegend und kannte alle Buchläden, oder dachte zumindest, dass ich sie kannte. Noch überraschter war ich, als mein Freund mir erzählte, dass dieser unscheinbare Buchladen die ganze Zeit hier gewesen war und, so fügte er hinzu, nur für Wahrheitssuchende sichtbar sei. Die Wahrheit war, wie in dieser Analogie vom Buchladen, die ganz Zeit klar sichtbar und für jeden verfügbar, doch nur die Wahrheitssuchenden konnten sie aufgrund ihres „zielstrebigen Verlangens“ erkennen.

So wie der Kompass immer auf den Nordpol zeigt, richten sich der Geist und das Herz des Wahrheitssuchenden immer auf das Höchste. Wenn Wahrheitssuchende bemerken, dass sie sich spontan die meiste Zeit mit der höchsten Wahrheit befassen, sollten sie wissen, dass sie in der Tat vom Glück begünstigt sind, und dass diese heilige Beschäftigung vom Göttlichen ausgeht. Wenn sie die Sehnsucht nach dem Meister, der höchsten Wahrheit in menschlicher Gestalt in sich entdecken, sollten sie wissen, dass keine Macht der Welt diese Begegnung verhindern kann. Wird diese Sehnsucht stark und beständig, dann sind ihre Stärke und Beständigkeit Zeichen, dass ihre Erfüllung kurz bevorsteht.

Ihre Frage ging von der Annahme aus, dass der Wahrheitssucher als persönliche Wesenheit vom Lehrer gewünscht und angezogen wird. So gesehen kann man sich wirklich fragen, ob man je solch einen seltenen und einzigartigen Meister finden wird. Statistisch gesehen ist die Chance sehr gering.

Zum Glück ist Ihre Annahme fragwürdig, da das Ego solch eine Begegnung ebensowenig wünschen würde, wie sich ein Reh auf die Suche nach seinem Jäger machen würde. Das Begehren nach einem Meister, in dem sich die Sehnsucht nach der Wahrheit ausdrückt, kommt aus dem Absoluten. Es ist kein Gedanke, der zufällig im Gehirn auftaucht. Dieses Verlangen nach der Gnade kommt aus der Gnade selbst und enthält das Versprechen seiner Erfüllung. Wenn der Schüler bereit ist, ist der Meister präsent.

Es herrscht also kein Mangel an Meistern. Wenn es an irgendetwas mangelt, dann an ernsthaft Suchenden. Aus der reinen Vollkommenheit des Absoluten entstehen der so genannte Suchende und der Lehrer genau zur richtigen Zeit, um mit ihrem anscheinenden Lernen und Unterrichten an der Feier des Universums teilzunehmen.

Ich habe einen sehr stressigen Beruf und finde es schwierig, auf dem Pfad zu bleiben. Die Ereignisse

halten mich ab. Zum Beispiel habe ich Schwierigkeiten, mit anderen umzugehen. Ist es möglich, diese Erfahrungen zu nutzen, um mein Verständnis zu vertiefen anstatt durch sie von der Wahrheit abgebracht zu werden, oder sind sie nichts als Ablenkungen?

Sie sind da, um Ihnen zu helfen und um Ihr Verständnis zu vertiefen. Vom Weisen Krishnamenon wird berichtet, dass er es für einen Wahrheitsschüler für eine gute Wahl hielt, einen Job bei der Polizei oder beim Militär zu haben. Eine derartig anstrengende Umgebung stellt einen hervorragenden Test für den Gleichmut des Schülers dar. Das ist ein Fall von: „Wenn du es hier schaffst, dann schaffst du es überall." Ich bin mir nicht sicher, ob Krishnamenon einen solchen Vorschlag wirklich gemacht, und wenn ja, ob er ihn ernst gemeint hat, doch es verdeutlicht die Tatsache, dass schwierige Ereignisse Ihnen die Möglichkeit geben, sich spirituell zu entwickeln und ein Maß Ihrer Reife sind.

Diese Ereignisse kommen zu Ihnen, weil sie Ihnen etwas beibringen wollen. Doch Sie müssen nicht alles passiv annehmen. Vielleicht wäre die angemessene Reaktion, zu kündigen. Wenn jemand Sie am Telefon beleidigt, legen Sie einfach auf. Es macht keinen Sinn, mit so jemanden zu reden. Sie müssen sich das nicht antun.

Wenn ich mich mitten in solch einer schwierigen Situation befinde, fällt es mir schwer, gleichmütig zu bleiben. Wie kann ich das erreichen?

Sie müssen die Situation mit den Augen Ihrer Ganzheit sehen. Damit meine ich, dass Sie nicht nur den Menschen mit seinen Worten, seinem Aussehen und seinen Handlungen vor sich sehen, sondern auch Ihre eigenen Reaktionen, Ängste, Begierden, Körperempfindungen und Gedanken bewusst wahrnehmen.

Das wird bei Ihnen zu einer positiven Veränderung führen und Sie befähigen, solche Situationen kreativ anzugehen, anstatt dieselben automatischen Reaktionen ständig zu wiederholen. Die Emotionen, die in Ihnen aufsteigen, sind unnötig. Sie können der Situation ohne jegliche persönliche Betroffenheit begegnen. Auf ihre Weise ist sie da, um Ihnen diese gleichmütige Haltung beizubringen. Ihr Verständnis ermöglicht diesen Reinigungsprozess.

Sobald Sie sich selbst für eine persönliche Wesenheit halten, fühlen Sie sich bedroht und müssen sich verteidigen, während es in dem Augenblick, wo Sie die Situation in ihrer Ganzheit sehen, niemanden gibt, der Schutz braucht und niemanden, der Sie angreift. Dieses Verständnis wird eine Handlung oder Nicht-Handlung hervorbringen, eine Geste, ein Lächeln, eine einladende Stille oder ein unerwartet eintretendes Ereignis, das wir ein Wunder nennen können, und dadurch wird sich die Sache lösen.

Menschen, die also denken, dass die Arbeit und der übliche Lebensstil, den wir in dieser Gesellschaft brauchen, ein Hindernis für den Suchenden darstellen, haben in gewisser Weise ein falsches Bild davon, was ein Suchender eigentlich ist. Wenn man ein normales geschäftiges Leben führt, kann man jeden Moment des Tages nutzen, um sein Verständnis zu vertiefen.

Genau. Jede Situation hat den Zweck, Ihr Verständnis zu vertiefen. Unser Dasein besteht aus ständigen Lernsituationen durch die und von den verschiedenen Ereignissen. Das Leben selbst benutzt sie, um uns das Glück zu lehren. Als wechselnde Umstände verkleidet ist der Meister immer bei uns. Wir müssen sie mit derselben Liebe willkommen heißen und mit derselben Aufmerksamkeit auf sie hören, die wir auch den Worten unseres Meisters schenken. Auf diese Art entdecken wir, dass die grundlose Glückseligkeit, die wir in der herrlichen Gegenwart unseres Meisters erleben, auch unseren täglichen Aktivitäten als ständiger Hintergrund dient.

Ich habe immer gedacht, dass Hingabe und Anbetung alles sind, was nötig ist. Doch seitdem ich die heilige Literatur tiefer erforscht habe und noch

viel mehr durch unsere Gespräche ist etwas geschehen, und ich halte mich nicht länger für einen Gottesverehrer oder sonst etwas...

Das ist gut!

Ich wollte fragen, ob es mir etwas nützen würde, genauer zu verstehen, was hier geschehen ist.

Wenn Sie sich selbst für einen Gottesverehrer halten, hindert Sie das daran, ein perfekter Suchender zu werden, denn perfekte Suchende haben kein Bild von sich selbst. Das einzige Objekt in ihrem Denken ist das, was sie lieben. Wenn Sie lieben, verlieren Sie sich in der Liebe. Wenn Sie beginnen, sich zutiefst für Ihr eigenes Wesen zu interessieren, werden Sie unwissentlich jenseits aller Bilder ein vollkommener Gottesverehrer. Ihre Liebe zur höchsten Wahrheit ist rein. Sie ist reiner als die Liebe zu irgendeiner Person, selbst zu Ihrem Meister – solange Sie ihn für eine Person halten – oder zu irgendeinem anderen Bild für die Wahrheit, einem persönlichen Gott zum Beispiel. Ihre Liebe zur Wahrheit ist frei von Begrenzungen und Anhaftungen.

Wenn Sie sich mit dem Körper-Mentalkomplex identifizieren, wird die Sehnsucht nach dem Objekt Ihrer Liebe von einer gewissen Forderung, von dem Begehrten geliebt zu werden und glücklich zu sein, überschattet. Suchen Sie hingegen die Wahrheit selbst, dann haben Sie kein vorgestelltes Resultat im Sinn. Ihr Begehren bleibt unschuldig und frei von persönlichem oder emotionalem Makel. Sie suchen das Verständnis nicht für sich selbst als Person. Sie suchen das Verständnis um der Intelligenz und der Liebe willen. Sie sind in die Liebe verliebt. Da gibt es keinen Platz für ein Ego, für Ihre Verhaftungen oder andere negative Emotionen.

Ich halte mich immer noch für eine Frau, eine Ehefrau und eine Psychologin, und diese Identifikationen werden jeden Tag durch meine Interaktionen mit anderen verstärkt. Ich weiß, dass sie, genau wie meine Vorstellung, eine Gottesverehrerin zu sein, nur Etiketten sind. Doch ich habe noch nicht

die Erfahrung gemacht, dass diese Etiketten in gleichem Maße schwächer geworden sind wie meine Vorstellung, eine Gottesverehrerin zu sein. Woran liegt das?

Sie haben eine Verschiebung erlebt, die Sie von einer Gottesverehrerin zu einer Wahrheitssuchenden gemacht hat. Das ist eine unpersönlichere Position, von der aus Sie erkennen können, dass Ihr Hang, sich für eine Person zu halten, eine tödliche Sucht ist, die Sie unglücklich macht und Sie davon abhält, eine vollkommene Gottesverehrerin, Ehefrau oder Wahrheitssuchende zu sein.

Solange die Verehrerin existiert, ist die Verehrung unvollkommen. Wahre Gottesverehrung findet nur statt, wenn die Anbetende vom Feuer der Verehrung völlig verzehrt wird. Dafür braucht es das absolute Fehlen eines Widerstandes, die völlige Hingabe. Wenn Sie sich an das Höchste hingeben, aber zugleich als Verehrende bestehen bleiben wollen, um die Nähe des Geliebten zu genießen, ist Ihre Hingabe nicht vollkommen. Die Verehrende muss sterben, damit die letztendliche Verschmelzung erreicht wird. Wenn das geschieht, wird die Vorstellung von der Verehrenden, oder welche Vorstellung auch immer, nicht nur geschwächt, sondern völlig zerstört.

Wenn Sie verstanden haben, dass die Verehrende diese Verschmelzung nicht herbeiführen kann, dass Sie nichts tun können, dann leben Sie in diesem Nicht-Wissen und Nicht-Tun und heißen Sie Ihre Gedanken und Empfindungen willkommen. Wenn dann der entscheidende Moment kommt, wo Sie aus den Tiefen Ihres Wesens den Ruf des Geliebten hören, lassen Sie Ihre Hingabe auf allen Ebenen total sein. Geben Sie Körper, Geist, Herz und Seele hin und lassen Sie sich von diesem süßen Ruf den Mut eingeben, den bevorstehenden Tod all Ihrer Illusionen anzunehmen. Seien Sie mutig. Verwurzeln Sie sich im Bewusstsein und schauen Sie zu, wie sich das Ich-Bild und sein Trauerzug von Ängsten und Begierden in der Herrlichkeit Ihrer ewigen Gegenwärtigkeit auflösen.

Sie schlagen oft vor, dass wir in unseren Handlungen total sein sollen. Was ist diese Totalität und wie können wir wissen, dass wir aus ihr heraus handeln?

Totalität bedeutet, dass die Trennung, die durch die Ich-Vorstellung entsteht, nicht vorhanden ist. Dann befinden wir uns in unserer Ganzheit, auf unserem ungeteilten Grund.

Eine Handlung, die dem ungeteilten Verständnis entspricht, ist immer passend. Wenn Sie ein Puzzle lösen, nach dem richtigen Stückchen suchen, um ein bestimmtes Loch zu füllen, und das passende Stück finden, dann wissen Sie mit Sicherheit, dass Sie das richtige Stück gefunden haben. Ebenso wissen Sie es, wenn Sie in einer Situation die richtige Antwort gefunden haben – nicht weil Sie allen Regeln und Vorschriften gefolgt sind, sondern weil es in diesem Moment und unter diesen Umständen das Richtige ist.

Wenn ich mit jemandem zu tun habe, der die Macht hat, mir zu schaden, und wenn die Situation sehr schwierig für mich ist, dann schlagen Sie also vor, dass ich in meinem Handeln keine Trennung zwischen mir und dem anderen mache? Es fällt mir schwer, zu verstehen, wie ich jemandes offensichtliche Böswilligkeit einbeziehen soll, ohne mich davon abzugrenzen. Meine Tendenz wäre eigentlich, ihm den Rücken zuzukehren. Wie kann das also gehen?

Warum würden Sie dableiben, wenn dieser Mensch Ihnen etwas antut? Es könnte genau das Richtige sein, wegzugehen.

Und ich würde damit aus meiner Ganzheit heraus handeln?

Aber unbedingt. Sie sehen die Situation in ihrer Totalität, gleichzeitig mit Ihren Gefühlen und Gedanken, und dieses Sehen führt zu einer Handlung: zu bleiben oder zu gehen; etwas zu sagen oder zu schweigen; oder vielleicht demjenigen ein Bonbon anzubieten. Und diese Handlung wird für Sie und den anderen perfekt sein.

Ich habe ein Erlebnis gehabt, das mir gezeigt hat, dass ich keine Sache, kein Objekt bin, aber ich weiß nicht, wie ich dieses Erlebnis weiter erforschen kann oder was es eigentlich bedeutet. Können Sie mir helfen?

Wenn Sie auf dieses Erlebnis Bezug nehmen, meinen Sie dann, dass es im Moment nicht mehr da ist?

Nein, ich würde sagen, dass es immer noch da ist. Es war eine hundertachtzig Grad-Wende. Manchmal ist es mir bewusster, manchmal weniger – aber es ist immer noch da. Es hat bei mir zu dem Eindruck geführt, dass ich weder mein Körper noch meine mentale Ebene noch irgendein Gegenstand bin. Können Sie mir helfen, das zu verstehen? Wohin soll ich als nächstes gehen?

Wer will wo hingehen?

Wahrscheinlich der, der dieses Erlebnis gespiegelt hat... mein Geist... ich weiß es nicht.

Wenn Sie verstehen, dass Sie nicht Ihr Körper sind, wenn Sie es wirklich klar einsehen, dann gibt es keinen Wunsch mehr, irgendwohin zu gehen.

Mein Verständnis ist begrenzt. Wie kann ich es verfeinern? Ich gelange immer wieder zu der alten Vorstellung zurück, ein Körper-Geist zu sein.

Das sind die Momente, wo Sie das Verständnis vergessen – aber das Verständnis vergisst Sie nicht. Es braucht nicht verfeinert zu werden – es ist. Sie können es nicht vergrößern oder verkleinern. Es ist perfekt so wie es ist. Behalten Sie es einfach in Ihrem Herzen, machen Sie es zu Ihrem besten Begleiter, zu Ihrer ständigen Instanz, zum Standard, an dem Sie alles in Ihrem Leben messen. Nutzen Sie es, gehen Sie so oft Sie es brauchen zu ihm hin. Es ist Ihr bester Freund. Es ist für Sie da. Es ist Sie. Wenn Sie denken, dass Sie es verloren haben, suchen Sie in

Wahrheit überall nach der Halskette, die Sie die ganze Zeit um den Hals tragen.

Ich verstehe auch den Wunsch, ein guter Suchender auf dem Weg zu sein. Dieser Wunsch entspringt direkt aus der Wahrheit. In diesem Zusammenhang fällt mir das Gespräch zwischen einem Schüler des Kampfsports und seinem Meister ein:
Der Schüler: Wie lange brauche ich, um ein Meister zu werden?
Der Meister: Zehn Jahre, wenn du jeden Tag sechs Stunden übst.
Der Schüler: Und wenn ich jeden Tag zwölf Stunden übe?
Der Meister: Dann wird es zwanzig Jahre dauern.

Der Punkt ist, dass alles im Nichtstun erreicht wird. Wenn Sie versuchen, mehr zu erreichen, dann erreichen Sie am Ende weniger – es sei denn, Sie versuchen, das Nicht-Erreichen, die Spontaneität zu erreichen.

Das kann ich verstehen, aber da bleibt immer noch ein Verlangen, den Sinn darin zu sehen. Ich gehe also in einen Buchladen und suche spirituelle Bücher. Wie kann ich entscheiden, welche Tradition am besten für mich wäre, um dieses Verständnis zu vertiefen, um es in mir zur Resonanz zu bringen?

Es gibt viele interessante Bücher. Wir sollten sie als Gegenstände ansehen, die uns Freude machen. Wir sollten nie zu einem arbeitenden Wahrheitssucher werden. Lassen Sie sich von Ihrer Freude leiten. Lassen Sie Ihre Freude alles für Sie auswählen, auch die Bücher, die Sie lesen. Aber achten Sie darauf, dass ich gesagt habe „Ihre Freude“, nicht „Ihr Vergnügen“. Bei jemandem wie Ihnen, der schon eine Ahnung von der Wahrheit erhascht hat, haben die Aussprüche der Weisen aus verschiedenen Kulturen die Macht, „eine Resonanz zu erzeugen“ und Sie zurück zu Ihrer Quelle, dem reinen Glück zu bringen.

Kapitel 13

Das Erwachen zu unsterblicher Herrlichkeit

Ich bin mit der eigentlichen Praxis Ihrer Interpretation des Advaita nicht vertraut, doch ihr zentrales Verständnis scheint dem Zen und dem Sufismus zu gleichen, den beiden Pfaden, die mir am nächsten liegen.

Genau. Im Kern aller authentischen spirituellen Traditionen wie Ch'an, Zen, Advaita Vedanta und dem Sufismus finden Sie die Nicht-Dualität. Die scheinbaren Unterschiede zwischen diesen Traditionen entstehen nur dadurch, dass verschiedene Weise zu verschiedenen Zeiten und unter verschiedenen Umständen verschiedene Formulierungen für dieselbe Wahrheit benutzt haben. Sollten Huang Po, Rumi, Shankara, Parmenides und Meister Eckhart aufeinandertreffen, würden sie sofort die gemeinsame Basis ihrer Einheit jenseits des Mentalen und jenseits aller scheinbaren Unterschiede erkennen.

Meine Frage betrifft die Rolle des Gurus in dem „Erleuchtungsprozess" des Suchenden. Ich würde gerne wissen, welche Art von Beziehung Sie für nötig oder passend halten.

Der wirkliche Lehrer ist in Ihrem Herzen. Diese stille Präsenz in Ihrem Herzen wird den Duft der Wahrheit, Liebe und Einfachheit, der von Ihrem menschlichen Lehrer ausgeht, genauso erkennen wie die Biene, deren Instinkt von einem fernen Duft geweckt wird, die Blume. In diesem direkten Erkennen ist die Essenz der Erleuchtung schon enthalten. Diese Begegnung ist in vielen Fällen notwendig und ist immer ein Akt der Gnade. Ohne den Einfluss der Gnade gibt es keine Erleuchtung, denn das Ego kann sich von sich selbst so wenig befreien, wie ein Tintenfleck mit einem Eimer voll Tinte gereinigt werden kann.

Der menschliche Meister ist nur eine Erscheinung, ein Schatten vor dem Hintergrund des wahren Meisters – des Lichts. Alles was über diesen Schatten gesagt und jeder Schluss, der daraus gezogen werden kann, ist so illusorisch wie der Schatten selbst. Versuchen Sie nicht, diesen Schatten als erleuchtet oder nicht-erleuchtet, als im Licht zu Hause oder nicht im Licht zu Hause zu qualifizieren.

Seien Sie einfach für alle Möglichkeiten offen. Der wahre Meister, der in Ihrem Herzen spricht, wird Ihre tiefen Gefühle nie verletzen, nie Ihre Entscheidungen zu beeinflussen versuchen. Dieser innere Meister hat keine persönlichen Pläne und Vorstellungen. Seine Präsenz wird Sie von Ihrer Frustration, Ihrem Ärger und Ihrer Angst befreien und Ihnen dabei helfen, die Schönheit, das Verständnis und die Liebe, die schon in Ihnen sind, zu verwirklichen. Wenn es zu irgendeinem Zeitpunkt einen scheinbaren Widerspruch zwischen Ihrer inneren Stimme und den Vorschlägen Ihres menschlichen Meisters gibt, geben Sie dem Rat Ihres Meisters die gebührliche Beachtung. Bleibt der Widerspruch dann aber bestehen, folgen Sie Ihrem Herzen.

Obwohl in einem authentischen menschlichen Meister die Identifikation mit dem Körper-Mentalkomplex aufgelöst ist, sollten die Schüler bedenken, dass alte Egomuster auch in einem solchen Meister von Zeit zu Zeit auftauchen können. Sie sollten diese Erscheinungen mit demselben Gleichmut betrachten, mit dem sie auch dem Auftauchen ihrer eigenen alten Gewohnheiten begegnen. Der „alte Mann", der im menschlichen Meister ab und zu aufblitzen mag, ist nicht der wahre Meister. Er erinnert an die Tatsache, dass der wahre Meister nicht menschlich ist. Nicht der Schatten ist der Guru, sondern das Licht.

Wer war Ihr Meister und was für eine Beziehung hatten Sie?

Mein Meister ist die stille kleine Stimme, die in meinem Herzen spricht, und meine Beziehung zu meinem Meister ist vollkommene Liebe. Immer wenn ich diese stille und sanfte Stimme in einem anscheinend fremden Menschen erkenne, wird dieser Fremde zu meinem Meister, und unsere Beziehung ist vollkommene Liebe. Sie haben allerdings die besonderen Umstände meiner Geschichte hören wollen. Ich will noch einmal klar machen, dass die Umstände von Suchendem zu Suchendem verschieden sind und dass Sie deshalb aus meiner Geschichte keine allgemeinen Schlüsse ziehen können. Sie möchten, dass ich die Beziehung zwischen zwei Persönlichkeiten, zwei Körper-Mentalkomplexen beschreibe. Auf der Ebene der Schatten kann ich Ihre Frage nicht beantworten, ohne Meinungen und Urteile herbeizuziehen, ohne zu unterscheiden. Jedesmal wenn ich das probiert habe, war ich mit meiner Antwort unzufrieden, und jetzt tue ich mein Bestes, solche Unterscheidungen zu vermeiden.

Mich interessiert dieser Aspekt des Weges besonders, weil es den Anschein hat, als ob man viele Meister, Gurus oder Sheiks nur durch teure Reisen an weit entfernte Orte erreichen kann. Das scheint den Weg der Selbstverwirklichung für normale Sterbliche ziemlich aufwendig zu machen.

Durch die modernen Transport- und Kommunikationsmethoden sind solche Begegnungen in Wirklichkeit unglaublich einfach geworden. Denken Sie nur an frühere Zeiten, wo ein Schüler Hunderte, wenn nicht Tausende von Meilen unter gefährlichsten Umständen wandern musste, um einen Weisen zu besuchen. Der Weg der Selbstverwirklichung ist nicht für normale Sterbliche, sondern für all jene, die ein intensives Verlangen nach der Wahrheit haben. Ein ernsthaft Wahrheitssuchender wird mit seinem Verlangen nach dem Höchsten alle Hindernisse überwinden.

Ich habe eine Abneigung gegen einen Großteil der Guru-Jünger-Sprache, und doch habe ich ein tiefes

Gefühl, dass es „da draußen" einen Meister gibt, dem ich vertrauen kann und dessen Methoden meinen Zynismus nicht herausfordern.

Ich verstehe diese Abneigung. Aus der Sicht eines wahren Meisters gibt es keinen Meister und keinen Suchenden. Sie müssen sich nicht für einen Suchenden halten. Halten Sie sich für gar nichts. Das ist ein viel besserer Standpunkt. Wenn Sie Ihrem Meister „da draußen" begegnen, treffen Sie ihn auch „hier drin", Sie begegnen auch sich selbst. Dann wird spontan das Vertrauen geboren, denn Sie vertrauen sich ganz natürlicherweise selbst. Es macht keinen Sinn, sich im Voraus vorzustellen, wie solch eine Begegnung aussehen mag. Seien Sie einfach offen für die Möglichkeit, und eines Tages wird ein Meister das Licht der Wahrheit, die Flamme der Schönheit und die Wärme der Liebe in Ihnen entzünden. Mit dieser Begegnung werden all Ihre Fragen und Zweifel enden.

Wie haben Sie Ihr wahres Wesen entdeckt?

Sie fragen mich über die Einzelheiten meiner eigenen Geschichte. Bevor ich ins Detail gehe, muss ich Sie warnen, dass ich mit meinem Weg keine allgemeine Landkarte zur Wahrheit beschreibe. Der Weg, der uns zur Entdeckung unseres wahren Wesens führt, ist für jeden Suchenden anders. Es kann ein plötzlicher und dramatischer Pfad oder ein subtiler, scheinbar allmählicher sein. Als Prüfstein dienen in jedem Fall der Frieden und das Verständnis, die am Ende des Wegs herrschen.

Der erste Einblick in die Wahrheit kann zunächst – obwohl er ein Ereignis von kosmischen Ausmaßen darstellt – unbemerkt bleiben und sich im Hintergrund der Mentalebene entwickeln, bis die Struktur des Ego ein paar Monate später allmählich oder auf einmal zusammenbricht. Diese Auswirkung ist darauf zurückzuführen, dass der Einblick nicht dem Mentalen angehört. Die mentale Ebene, die bisher dem Ego als Sklave gedient hat, wird zum Diener und Geliebten der ewigen Herrlichkeit, die das Denken und die Wahrnehmung erleuchtet. Als Sklave des Ego war das Mentale der Wärter im Gefängnis von Zeit, Raum und Ursächlichkeit; als Diener der höchsten Intelligenz und Liebhaber der erhabensten Schönheit wird es zum Instrument unserer Befreiung.

Der Einblick, durch den mein Interesse an der Wahrheit geweckt wurde, geschah, als ich ein Buch von J. Krishnamurti las. Das war der Ausgangspunkt einer intensiven Suche, die zum zentralen und ausschließlichen Fokus meines Lebens wurde. Ich las Krishnamurtis Bücher immer wieder, dazu die wichtigsten Texte des Advaita Vedanta und des Zen Buddhismus. Ich veränderte mein Leben grundlegend, um im Einklang mit meinem spirituellen Verständnis zu leben. Eine Karriere, die viele für hervorragend gehalten hätten, gab ich auf, weil sie von mir verlangte, als Wissenschaftler beim Entwurf und Bau ausgefeilter Waffen für das französische Militär mitzuarbeiten.

Zwei Jahre nach dem ersten Einblick hatte ich mir ein gutes intellektuelles Verständnis der nicht-dualen Perspektive erworben, obwohl einige Fragen noch offen blieben. Ich wusste aus eigener Erfahrung, dass jeder Versuch, meine Begierden zu erfüllen, zum Scheitern verurteilt war. Es war mir klar geworden, dass ich Bewusstsein war – nicht mein Körper oder meine mentale Ebene. Dieses Wissen war kein rein intellektuelles, kein reines Konzept, sondern schien irgendwie seinen Ursprung in meinem Erleben zu haben, – in einer bestimmten Art von Erleben frei von jeglicher Objektivität. Ich hatte verschiedentlich Zustände erlebt, in denen meine Wahrnehmungen von Glückseligkeit, Licht und Stille umgeben und durchdrungen waren. Die physischen Gegenstände schienen weiter entfernt von mir zu sein, unrealer, – als ob die Realität sich von ihnen weg zu dem Licht und der Stille hin bewegt hätte, die das Zentrum der Bühne einnahmen. Damit ging das Gefühl einher, dass alles in Ordnung und genauso war, wie es sein musste, ja wie es immer schon gewesen war. Trotz alledem glaubte ich immer noch, dass das Bewusstsein denselben Begrenzungen unterworfen war wie das Mentale, dass sein Wesen persönlich und nicht universal war.

Manchmal bekam ich einen Vorgeschmack auf seine Grenzenlosigkeit, – das geschah normalerweise beim Lesen von

Advaita-Texten oder beim tiefen Nachdenken über die nicht-duale Perspektive. Aufgrund meiner Erziehung durch materialistische und anti-religiöse Eltern und meiner Ausbildung in Mathematik und Physik zögerte ich, irgendeinen religiösen Glauben anzunehmen und misstraute jeder Hypothese, die weder logisch noch wissenschaftlich bestätigt war. Ein grenzenloses, universelles Bewusstsein erschien mir wie solch ein Glaube oder eine Hypothese, doch ich war bereit, diese Möglichkeit zu erforschen. Der Duft dieser Grenzenlosigkeit war in der Tat der entscheidende Faktor, welcher meine Suche nach der Wahrheit aufrecht erhielt. Zwei Jahre nach der ersten Einsicht befand sich diese Möglichkeit im Zentrum der Bühne.

Dann passierte die radikale „kopernikanische Verschiebung". Dieses Ereignis, oder eher dieses Nicht-Ereignis steht für sich, unverursacht. Die Gewissheit, welche von ihm ausgeht, ist von absoluter Kraft, einer Kraft, die von keinem Ereignis, Objekt oder Menschen abhängt. Sie kann nur mit unserer direkten Gewissheit, bewusst zu sein, verglichen werden.

Ich saß in Stille in meinem Wohnzimmer, wo ich mit zwei Freunden meditierte. Es war noch zu früh für unsere nächste Aktivität, die Zubereitung des Abendessens. Es gab nichts zu tun, ich erwartete nichts und war verfügbar. Ich war frei von mentaler Dynamik, mein Körper war entspannt und sensibel, obwohl mein Rücken und Nacken mir einige Beschwerden machten.

Nach einer Weile stimmte einer meiner Freunde plötzlich eine traditionelle Sanskrit-Anrufung, das Gayatri-Mantra an. Die heiligen Silben fielen auf geheimnisvolle Weise in Resonanz mit meiner stillen Präsenz, die auf das Intensivste lebendig zu werden schien. Ich verspürte ein tiefes Sehnen in mir, doch ein gleichzeitiger Widerstand hinderte mich daran, die gegenwärtige Situation in ihrer ganzen Fülle zu leben, mit meinem gesamten Wesen auf diese Einladung des Jetzt zu antworten und mit ihm zu verschmelzen. Mein Hingezogensein zur Schönheit, das durch die Anrufung angekündigt worden war, vertiefte sich – doch mein Widerstand vertiefte sich gleichermaßen und enthüllte sich als wachsende Angst, die zu einem intensiven Entsetzen wuchs.

An diesem Punkt fühlte ich, dass mein Tod unmittelbar bevorstand und dieses entsetzliche Ereignis durch jedes weitere Loslassen meinerseits, jedes weitere Willkommen-heißen dieser Schönheit hervorgerufen werden würde. Ich hatte einen entscheidenden Punkt in meinem Leben erreicht. Aufgrund meiner spirituellen Suche hatten die Welt und ihre Objekte ihre Anziehungskraft verloren. Ich erwartete nichts Bedeutendes mehr von ihnen. Ich war ausschließlich in das Absolute verliebt, und diese Liebe verlieh mir den Mut, in das große Nichts des Todes zu springen und um jener Schönheit willen, die mir nun so nah war, zu sterben – um jener Schönheit willen, die mich von jenseits der Sanskrit-Worte rief.

Diese Hingabe führte dazu, dass mich das heftige Entsetzen, welches mich ergriffen hatte, sofort losließ und sich in einen Fluss von Körperwahrnehmungen und Gedanken verwandelte, die rasch zu einem einzigen Gedanken, dem Ich-Gedanken zusammenliefen – so wie die Wurzeln und Äste eines Baumes in seinem einen Stamm zusammenlaufen. In einer fast gleichzeitigen Erkenntnis enthüllte sich die persönliche Wesenheit, mit der ich mich identifiziert hatte, in ihrem vollen Ausmaß. Ich sah ihre Überstruktur, die von dem „Ich-Konzept" ausgehenden Gedanken sowie ihre Infrastruktur, die Spuren meiner Ängste und Begierden auf körperlicher Ebene. Der gesamte Baum wurde jetzt von einem unparteiischen Auge betrachtet, und sowohl die Überstruktur der Gedanken als auch die Infrastruktur der körperlichen Empfindungen verschwanden im Handumdrehen, wodurch im Feld des Bewusstseins nur noch der „Ich-Gedanke" zurückblieb. Einen Moment lang schien der reine „Ich-Gedanke" zu flackern wie die Flamme einer Öllampe, der der Brennstoff ausgeht – um dann plötzlich in der ewigen Herrlichkeit des Seins zu verschwinden.